U0455907

沥青铺面工程层间特性

艾长发 著

科学出版社

北 京

内 容 简 介

本书是关于沥青铺面工程层间特性的专著,较系统地介绍沥青铺面工程层间特性理论计算与试验研究的最新研究成果。首先,介绍国内外关于沥青铺面结构层间特性的研究现状,指出需要进一步研究解决的问题;然后,分析层间接触状态下的沥青铺面工程结构静动力学行为,阐述法-切向荷载作用下的层间黏滞剪切特性并构建其力学模型,揭示界面性质、界面状态等对沥青层的疲劳性能影响机理并建立基于四点剪切试验的层间疲劳寿命预估模型;最后,结合实例,在层间黏结性能试验及结构理论分析的基础上,提出基于层间特性的沥青铺装结构优化改进建议。

本书可供高等院校、科研机构相关专业教师与研究生参考,也可供从事道路和桥梁铺面工程设计与施工、养护与维修的技术和管理人员使用。

图书在版编目（CIP）数据

沥青铺面工程层间特性 / 艾长发著. —北京：科学出版社，2020.6
ISBN 978-7-03-063713-0

Ⅰ.①沥… Ⅱ.①艾… Ⅲ.①沥青路面－路面铺装－研究
Ⅳ.①U416.041

中国版本图书馆 CIP 数据核字（2019）第 281519 号

责任编辑：华宗琪 朱小刚/ 责任校对：杨聪敏
责任印制：罗 科/ 封面设计：墨创文化

科 学 出 版 社 出版
北京东黄城根北街 16 号
邮政编码：100717
http://www.sciencep.com

四川煤田地质制图印刷厂 印刷
科学出版社发行 各地新华书店经销
*
2020 年 6 月第 一 版 开本：B5（720 × 1000）
2020 年 6 月第一次印刷 印张：10
字数：200 000
定价：99.00 元
（如有印装质量问题，我社负责调换）

前　　言

　　沥青铺面是典型的多层复合体系，其力学性能不仅和每个结构层的材料性能有关，还和层与层之间的黏结性能有关。由于层间接触面是沥青铺面的薄弱环节，尤其是在有水渗透、路面开裂及层间分离时更容易导致铺面结构性损坏，沥青铺面层间特性是影响铺面结构整体性能的重要因素。

　　有关更符合沥青铺面实际工作状态的结构行为与性能的研究与分析，应以充分考虑层间接触状态为前提，但目前对层间状态的描述仅有少数几种模型可以借鉴，而且这些模型对层间状态的描述仅采用单一参数（如摩擦系数 μ 或水平剪切模量 K_s）、考虑单一方向（如切向）。实际上，在车辆荷载作用下的层间接触行为十分复杂，既有切向剪切行为，又有法向黏滞行为，尤其在山区陡坡路段表现得更为突出，这就需要对法-切向综合作用条件下的层间特性进行更好的描述，建立能够反映法-切向综合作用的层间状态力学模型。

　　沥青铺面疲劳行为一直以来都是国内外研究的热点问题之一。沥青层疲劳开裂的本质是结构层在温度与荷载重复变化的应力-应变响应下，开裂逐渐扩展、损伤逐步累加。而结构层内部应力-应变响应和层间状态密切相关，不同层间状态会导致应力、应变分布不同，进而影响到铺面结构的整体疲劳性能。同时，在铺面疲劳破损演化进程中，层间状态又会产生变化。因此，研究铺面疲劳破损机理，不能忽略层间特性对其影响及层间自身疲劳问题。

　　目前有关沥青铺面层间特性的研究成果很多，但依然缺乏关于沥青铺面工程层间特性的学术专著。基于此，本书紧密围绕沥青铺面工程层间特性，重点就层间接触不良带来的工程问题、研究现状及主要存在的问题、层间状态对沥青铺面结构行为的影响、法-切向效应下的层间作用行为、含层间界面的沥青层疲劳特性及其界面自身疲劳特性，以及基于层间特性的沥青铺装结构优化等内容进行了描述，并具有以下特点：

　　（1）沥青铺面是具有层间接触特性的非连续性多层体系，分析其结构行为与破损机理时不能忽略层间特性对其影响。本书考虑沥青混凝土的时温黏弹性性质，通过数值模拟计算分析，确定沥青铺面结构在不同轴重、动载频率、层间状态、温度时刻作用下的动静力学特性与疲劳寿命特点。

　　（2）目前国内外的层间特性评价方法中，直剪试验忽略了法向正应力的影响，拉拔试验忽略了切向剪应力的影响。事实上，在路面荷载作用下，层间特性总是法向力和切向力综合作用的表现。本书利用自主研发的沥青混合料层间抗剪强度辅助测量装置进行层间黏结剪切试验,分析层间界面法-切向黏滞剪切行为,构建低温、常温、高温三种温度条件下的沥青层层间黏结剪切力学模型。

（3）目前关于铺面材料疲劳与整体结构疲劳的关联性尚未建立,且现有的疲劳模型主要是单纯依据某一铺面混合料材料属性或将沥青铺面结构视为连续体系而得到。本书通过层间直剪试验、含层间界面复合小梁的四点弯曲、四点剪切疲劳试验,分析层间上下层混合料组合、界面水、层间污染（尘污、油污）等因素对沥青层层间黏结能力、复合试件疲劳性能的影响,建立基于疲劳现象学的复合小梁疲劳寿命方程,明晰路面各层材料疲劳与整体结构疲劳之间的关联性。

（4）桥面沥青铺装结构具有结构特殊性,含有两个典型的层间界面,一个是桥面板与铺装底层间的防水黏结层,另一个是铺装表层与铺装底层间的黏结层,它们均是铺装结构中的薄弱层,均对整个桥面系的使用性能有着严重影响。本书依托桥面铺装工程实际,通过沥青铺装层层间黏结材料的直剪、斜剪、拉拔等试验,确定各黏结材料的黏结性能特点,结合铺装层参数对铺装结构性能的影响分析,提出桥面沥青铺装结构优化改进建议。

本书对深入认识沥青铺面工程层间法-切向力综合作用行为、合理设计沥青铺面结构与材料、正确理解铺面疲劳破损机理及科学评价铺面结构疲劳性能具有重要意义。

本书中诸多成果是在国家自然科学基金面上项目（51378438、51878574）及与中交第三公路工程局有限公司、中国水利水电第七工程局有限公司合作科技项目（JHFDD-JSFW-001）的资助下完成的。本书的撰写得到西南交通大学道路工程四川省重点实验室邱延峻、周正峰、刘红坡、任东亚、成猛、王福成、杜健欢、Rahman、安少科、王飞宇、黄大强、邵珠涛、黄恒伟、黄杨权等的大力帮助,参考和引用了国内外诸多专家学者的文献数据和资料,在此一并表示感谢。

感谢西南交通大学 2018 年度研究生教材（专著）建设项目对本书的撰写与出版进行了专项资助,感谢科学出版社对本书的出版给予大力支持与帮助。

限于作者水平,书中难免存在不足之处,敬请广大读者批评指正。

艾长发

2020 年 4 月

目　　录

第1章 绪 论

1.1 问题的由来

新建路面、桥面铺装、旧路加铺等铺面结构是由不同材料组成的多层结构体系，其力学性能不仅与结构层材料性能有关，还与层间黏结性能有关。层间界面是铺面结构中的薄弱环节，对铺面结构的服役性能具有重要影响。随着我国公路交通事业的蓬勃发展，道路建设者在工程实践中遇到了一些层间接触的实际问题：①在我国沥青路面结构设计中，假设路面为弹性层状连续体系[1]，而实际路面由于各层材料属性有差异、施工有先后，层间难以达到完全连续的要求（图1-1）；②沥青路面由于半刚性结构层的收缩特性，难以避免路面反射开裂问题，水的渗入会恶化层间接触状态，从而影响路面的使用性能（图1-2）；③路面养护的新措施不断涌现，就地再生、路面加铺势必带来新的层间接触问题（图1-3）。由于这些问题的存在，将沥青路面视为连续体系进行结构设计与性能分析必然存在一定的不合理性。

  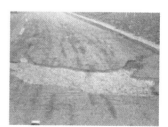

图1-1　层间不连续芯样　　　图1-2　水渗入导致表面层剥离　　　图1-3　加铺层剥离

近30年来，我国公路交通一直处于迅猛发展的态势，截至目前，我国公路网络基本形成，公路养护进入全面养护时代，其中，路面养护是公路养护工作的主体。国内外养护调查显示，层间界面结合不良可导致路面寿命缩短至原来的1/6[2]，也易引发车辙、剥离、推移、拥包和Top-Down开裂等早期病害的产生[3, 4]。尤其随着车辆重载化和超载化，以及交通量的不断增加和渠化交通的形成，层间黏结强度不足产生的铺面病害问题越来越严重，特别是在有水渗透、开裂及层间分离时更容易导致铺面结构性损坏[5, 6]，如图1-4所示。为此，如何加强层间黏结，以提高铺面结构整体性，已成为业界共同关注的热点问题。然而，由于业界对铺面结构的层间工作特性掌握不够,对铺面损坏过程中的层间状态变化规律尚不清楚,始终缺乏科学合理的层间状态评价方法与标准,导致层间处理工艺与选材设计一直存在一定的盲目性。

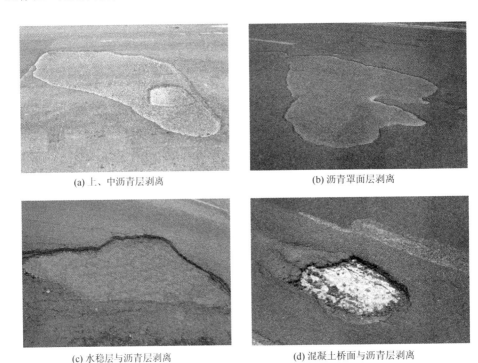

(a) 上、中沥青层剥离   (b) 沥青罩面层剥离

(c) 水稳层与沥青层剥离   (d) 混凝土桥面与沥青层剥离

图1-4 沥青铺装层剥离损害

1.2 沥青铺面工程层间特性研究现状

1.2.1 层间接触状态对路面性能的影响

早在 1962 年,Whiffin 等[7]就指出,沥青路面是一种典型的层状体系结构,路面结构的层间接触既非完全连续,也非完全光滑,而是介于这两个极端情况之间。层间接触状态会显著影响路面性能与寿命。

英国在 20 世纪 70 年代就对沥青面层的滑移破坏进行了广泛的调查,发现使用薄层罩面导致面层的滑移破坏更为严重[8],但是随后没有进行层间接触的基础研究。1980 年,北爱尔兰环保局在一些新近罩面的路面上发现了早期层间接触不良造成的破坏。1986 年,法国公路和高速公路研究所的研究表明,由于层间界面接触问题造成严重破坏的路面已占到法国当时公路网的 5%[9]。Hu 等[10]指出,沥青面层层间接触不良是造成滑移裂缝、疲劳裂缝、推移及车辙等沥青路面病害的原因之一。层间界面处的联结情况对应力分布与路面寿命的影响非常大，Tschegg[11]利用一个多层梁的承载力大小来类比路面，证明各层之间具有良好黏结的梁的挠度为各层间不良黏结梁的1/9，其结果示意图如图 1-5 所示。Hassan 等[12]采用有限元方法或层状弹性程序，对基于层间状态的沥青路面的应力-应变响应进行了计算分析，结果表明，界面条件和路表水平荷载的累积作用会明显缩短路面的使用寿命。

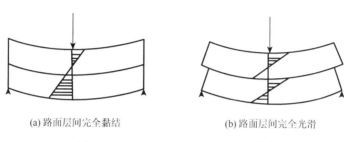

(a) 路面层间完全黏结　　　　　　　　　　(b) 路面层间完全光滑

图 1-5　复合梁原理测试结果示意图[11]

20 世纪 80 年代，张起森等[13]根据弹性层状体系层间接触的实际状态，提出了一种考虑层间非线性的有限元增量法，即子结构分析法；关昌余等[14]引用古德曼（Goodman）力学模型描述路面层间接触状态，并利用层状体系程序计算分析包括层间黏性在内的多因素对路面结构受力的影响。进入 21 世纪后，路面层间状态问题受到广大道路工作者的关注，对其开展了大量的研究工作。冯德成等[15]应用层间黏结系数 K 对路面层间结合状态进行量化评价，提出了路面设计验算指标的修正范围；严二虎等[16]、郑仲浪[17]、赵孝辉[18]、张艳红等[19]采用数值模拟方法计算层间接触状态对路面力学响应的影响，结果表明，层间连接条件由优良变差后，各种响应指标均增加，特别是剪应力增加明显；陈宝等[20]分析了不同层间接触情况下的半刚性基层沥青混凝土面层内的最大剪应力；王金昌等[21]采用线弹性断裂力学理论，分析了层间接触条件、裂缝位置等因素对应力强度因子的影响规律；倪富健等[22]指出，层间黏结状态是影响裂缝扩展的重要因素，当面层与基层黏结不好时，面层底部的拉应力和剪应力都急剧增大；艾长发等[23]采用非线性有限元软件 ABAQUS 计算了沥青路面在温度、水平荷载、竖向荷载耦合作用下的力学响应，分析了各响应指标随层间接触状态变化的特性，解释了考虑层间接触状态的沥青路面在不同环境温度下的破损行为机理；刘丽等[24]系统研究了层间状态对沥青路面路用性能的影响以及层间界面特性相关问题，并结合层间直剪疲劳试验结果，分析了层间状态对层间剪切疲劳性能的影响；纪小平等[25]通过车辙试验表明，加强层间黏结有利于提高沥青路面的高温稳定性能。

1.2.2 层间粗糙状态对层间性能的影响

众所周知，铺装结构特别是沥青路面各层表面有纹理且粗糙，并非平整状态，而基于力学参数的路面层间状态描述模型把路面各层看成理想的平整面进行接触，这显然不符合实际情况。因此，近20年来，国内外众多学者就层间界面粗糙度及其对层间性能的影响开展了大量研究工作。早在1999年，Mrawira等[26]指出，当沥青路面层间接触表面粗糙时，其微观和宏观纹理在界面结合中起重要作用。2004年以来，更多学者专注于相关专题研究。Tayebali等[27]研究指出，AC与AC之间的界面比AC与PCC之间的界面更为粗糙，因此将提供更好的层间剪切强度；Chen等[28]研究认为，沥青混合料表面特性在层间黏结中起关键作用，且高温下的层间黏结性质与表面特性更相关；West等[29]、Tashman等[30]研究指出，经洗刨后的旧路表面形成的粗糙纵向沟槽，为新加铺的沥青层与旧路面间的界面提供了更好的结合条件；Partl等[31]、Leng等[32, 33]、Mohammad等[34]、Raab[35]、Raposeiras等[36]研究表明，黏结界面处的剪切强度随着接触表面粗糙度的增加而增加；Mohammad[37]对层间粘层油优化进行了详细研究，指出下卧层表面纹理与层间剪切强度密切相关；黄余阳阳[38]、陈华鑫等[39]、Song等[40]、艾长发等[41]进行了具有不同表面粗糙度的上下层沥青混合料层间抗剪强度试验，证明粗糙密实的表面能提供更大的有效接触面积，有利于提高层间抗剪性能。

随着现代扫描技术及数字图像技术的快速发展，研究者利用该技术获取界面粗糙度或纹理信息，进一步探究其对层间性能的影响。2007年，Ferrotti[42]使用X射线CT设备并辅以图像处理技术定量分析界面粗糙度，证明界面粗糙度对沥青路面层间黏结强度有明显影响；2008年，Santagata等[43]通过计算机断层扫描获取了界面宏观纹理，证实较高的界面宏观纹理会导致层间剪切力的增加；2013年，D'Andrea等[44]采用激光扫描仪量测了界面表面粗糙度参数，评价了纹理峰值与层间剪切强度之间的相关性；2014年，李悦[45]基于三维成像技术和MATLAB计算软件，以基层顶部的分形维数作为界面形态的表征值，研究了分形维数与路面车辙变形、水稳定性和层间界面力学强度之间的关系；2017年，Jaskula等[46]研究发现，层间黏结不良时，将引发各种路面病害，其中，黏结材料自身质量、矿料级配是影响层间界面黏结的主要因素。鉴于界面的粗糙特征，黄宝涛等[47]采用分形理论和层间接触理论，提出了不同级配的沥青混凝土路面层间有效接触面积的计算方法，定义了层间有效接触状态的名称并给出计算公式；伍曾等[48]根据沥青路面各层实际粗糙的表面接触情况，认为各层粗糙峰的高度服从高斯分布（正态分布），并应用概率分析的方法对层间接触的实际情况进行了力学模拟。

1.2.3　层间接触状态描述模型

层间接触状态的科学表述是正确进行路面力学行为分析的前提。然而，正确描述层间互相作用的力学特征模型及如何科学定义层间黏结特性仍然处于争论之中，这也是理论和试验的主要焦点。目前，国内外的层间接触状态描述模型有以下几种。

1）库仑摩擦模型

库仑摩擦（Coulomb friction）模型是目前国内外很多学者用来描述接触面之间相互作用的接触模型。接触表面间的相互作用包括垂直于接触面的相互作用和沿接触面切向的相互作用，在表面剪应力达到临界剪应力之前，切向运动一直保持为零，临界剪应力取决于法向接触压应力。该模型用摩擦系数 μ 来表征两个接触面间的摩擦行为。

2）古德曼模型

古德曼模型用水平剪切模量（K_s）来描述层间的接触状态。K_s 值大表示层间黏结性好，趋于完全连续状态；K_s 值小则表示层间黏结性差。冯德成等[49]、Raab 等[50]、Kim 等[51]应用该模型分析了不同层间状态下的层间特性。

3）BISAR 中的剪切弹性柔量

壳牌（Shell）公司的路面计算软件 BISAR 提供了两个定义层间接触条件的变量，一个是标准剪切弹性柔量（standard shear spring compliance）AK，另一个是简化剪切弹性柔量（reduced shear spring compliance）ALK。AK 与 ALK 之间的关系为

$$AK = ALK \frac{1+\lambda}{E} \qquad (1\text{-}1)$$

式中，λ 为剪切面上层结构的泊松比；E 为剪切面上层结构的弹性模量。

当 ALK = 0 时，层间是完全连续状态；当 ALK→∞ 时，层间是完全滑动状态。杨博等[52]利用该接触模型分析了接触状态对沥青路面结构响应的影响。

4）其他模型

黄宝涛等[47]采用分形理论和层间接触理论，用有效接触面积来度量层间接触状态的好坏，将层间有效接触状态定义为

$$s = \frac{A_r}{A_{asp}} \qquad (1\text{-}2)$$

式中，A_r 为层间有效面积；A_{asp} 为层间总面积。一般状态下，$0<s<1$。

Huang[53]提出了黏结层失效系数（TFR）。黏结层失效系数是上层沥青层估算模量 E_F 与下层沥青层估算模量 E_{UF} 的比值，即

$$TFR = E_F/E_{UF} \tag{1-3}$$

TFR = 1，表示层间完全接触；TFR = 0，表示层间完全不接触。

目前在进行层间接触分析时用得最多的是库仑摩擦模型、古德曼模型和 BISAR 中的剪切弹性柔量，有效接触面积和黏结层失效系数应用较少。

1.3 存在的主要问题

大量关于铺面结构层间接触问题的研究成果使人们更加清楚地认识到加强层间黏结的重要性，使人们对铺面及其层间破坏规律与机理的认识更深入、更科学，对进一步完善路面设计理论与方法具有重要意义。但是，还存在以下几个问题需进一步完善和解决：

（1）目前的层间接触模型中，库仑摩擦模型、古德曼模型及剪切弹性柔量等具有模型参数取值简单、直观、模拟方便等优点，因此在路面力学数值仿真中常被采用。但是，库仑摩擦模型中的临界剪应力受法向接触压应力大小的影响，且强调在剪切过程中切向运动要保持为零，与实际不太相符；古德曼模型和剪切弹性柔量未考虑法向接触压应力。

（2）目前国内外的层间特性评价方法中，直剪试验忽略了法向正应力的影响，拉拔试验忽略了切向剪应力的影响。事实上，在路面荷载作用下，层间特性总是法向力和切向力综合作用的表现。因此，需要重新设计新的试验方法，寻求新的评价模型。

（3）沥青路面、旧路加铺、桥面铺装等铺面结构是具有层间接触特性的非连续性多层体系，在铺面破损过程中，其层间状态也在逐渐变化，并影响结构破损行为。因此，在研究铺面疲劳破损机理时，不能忽略层间特性对其影响及层间自身性能衰减问题。

第2章 层间状态对沥青铺面结构行为的影响

2.1 沥青铺面结构分析理论基础

沥青路面通常是多层体系，在进行其结构应力分析时，较为理想的力学模型应当是层状体系理论，它比弹性半空间理论能更好地反映沥青路面的实际工作状况。在路面设计中，考虑轮胎与路面接触面上的竖向压应力，并假设轮胎接地压应力在轮迹面积内呈均匀分布，采用圆形接触面近似，其当量圆半径 δ 可按式（2-1）确定：

$$\delta = \sqrt{\frac{P_i}{\pi q}} \qquad (2-1)$$

式中，P_i 为作用在车轮上的荷载，kN；q 为轮胎与路面的接触压强，kPa。

我国沥青路面设计以双轮组单轴 100kN 为标准轴载，这样每个车轮上分担的荷载为 25kN，轮胎与路面的接触压强 q 为 0.7MPa，可求得 $\delta = 10.65$cm。

多层弹性体系在双圆均布垂直荷载作用下的计算图式如图 2-1 所示。图中，p 表示单位面积上的垂直荷载；δ 为荷载圆面积的当量圆半径；$h_1, h_2, \cdots, h_{n-1}$ 为各层厚度（最后一层不计厚度）；$E_1, E_2, \cdots, E_n$ 和 $v_1, v_2, \cdots, v_n$ 分别为各层弹性模量和泊松比。

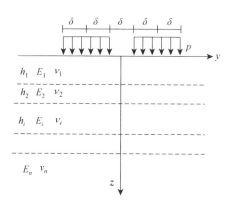

图 2-1 多层弹性体系在双圆均布垂直荷载作用下的计算图式

多层弹性计算体系的基本假定如下：

（1）各层都是由均质、各向同性的线弹性材料组成的，其弹性参数用弹性模量 E_i 和泊松比 ν_i 表征，这种材料的力学性能服从胡克定律。

（2）最下层土基在水平方向和向下的深度方向均为无限，其上的各层均为有限厚度 h_i，但水平方向仍为无限。

（3）上层表面作用着圆形轴对称均布垂直荷载，同时在下层无限深度处及水平无限远处应力和应变都是零。

（4）各层分界面之间的接触条件采用连续体系，即应力和位移完全连续。

下面对弹性层状理论体系应力、位移求解方法进行简单的介绍。

应力、位移求解时，将车轮荷载简化后的圆形轴对称均布荷载在圆柱坐标系中进行各分量的分解。在图 2-2 的圆柱坐标（r、θ、z）中，在弹性层状体系内微分单元体上，应力分量有 3 个法向应力 σ_r、σ_θ 和 σ_z，以及 3 对剪应力 $\tau_{rz} = \tau_{zr}$、$\tau_{r\theta} = \tau_{\theta r}$、$\tau_{z\theta} = \tau_{\theta z}$。

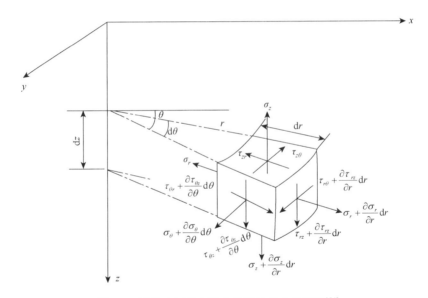

图 2-2　圆柱坐标系中微分单元体受力分析图[54]

弹性力学中以圆柱坐标表示的轴对称问题，其平衡方程（不计体积力）为

$$\begin{cases} \dfrac{\partial \sigma_r}{\partial r} + \dfrac{\partial \tau_{zr}}{\partial z} + \dfrac{\sigma_r - \sigma_\theta}{r} = 0 \\[3mm] \dfrac{\partial \sigma_z}{\partial z} + \dfrac{\partial \tau_{rz}}{\partial r} + \dfrac{\tau_{rz}}{r} = 0 \end{cases} \qquad (2\text{-}2)$$

表示体系内任一点应力-形变关系的物理方程为

$$\begin{cases} \varepsilon_r = \dfrac{1}{E}[\sigma_r - \nu(\sigma_\theta + \sigma_z)] \\[2mm] \varepsilon_\theta = \dfrac{1}{E}[\sigma_\theta - \nu(\sigma_z + \sigma_r)] \\[2mm] \varepsilon_z = \dfrac{1}{E}[\sigma_z - \nu(\sigma_r + \sigma_\theta)] \\[2mm] \gamma_{zr} = \dfrac{2(1+\nu)}{E}\tau_{zr} \end{cases} \qquad (2\text{-}3)$$

轴对称问题的几何方程为

$$\varepsilon_r = \frac{\partial u}{\partial r}, \quad \varepsilon_\theta = \frac{u}{r}, \quad \varepsilon_z = \frac{\partial \omega}{\partial z} \qquad (2\text{-}4)$$

变形连续方程为

$$\begin{cases} \nabla^2\sigma_r - \dfrac{2}{r^2}(\sigma_r - \sigma_\theta) + \dfrac{1}{1+\nu}\dfrac{\partial^2\Theta}{\partial r^2} = 0 \\[3mm] \nabla^2\sigma_\theta - \dfrac{2}{r^2}(\sigma_r - \sigma_\theta) + \dfrac{1}{1+\nu}\dfrac{1}{r}\dfrac{\partial\Theta}{\partial r} = 0 \\[3mm] \nabla^2\sigma_z + \dfrac{1}{1+\nu}\dfrac{\partial^2\Theta}{\partial z^2} = 0 \\[3mm] \nabla^2\tau_{zr} - \dfrac{\tau_{zr}}{r^2} + \dfrac{1}{1+\nu}\dfrac{\partial^2\Theta}{\partial r\partial z} = 0 \end{cases} \qquad (2\text{-}5)$$

式中，$\nabla^2 = \dfrac{\partial^2}{\partial r^2} + \dfrac{1}{r}\dfrac{\partial}{\partial r} + \dfrac{\partial^2}{\partial z^2}$，$\Theta = \sigma_r + \sigma_\theta + \sigma_z$。

如果引用应力函数 $\varphi = \varphi(r,z)$，并把应力分量表示为

$$\begin{cases} \sigma_r = \dfrac{\partial}{\partial z}\left(\nu\nabla^2\varphi - \dfrac{\partial^2\varphi}{\partial r^2}\right) \\[3mm] \sigma_\theta = \dfrac{\partial}{\partial z}\left(\nu\nabla^2\varphi - \dfrac{1}{r}\dfrac{\partial\varphi}{\partial r}\right) \\[3mm] \sigma_z = \dfrac{\partial}{\partial z}\left[(2-\nu)\nabla^2\varphi - \dfrac{\partial^2\varphi}{\partial z^2}\right] \\[3mm] \tau_{zr} = \tau_{rz} = \dfrac{\partial}{\partial r}\left[(1-\nu)\nabla^2\varphi - \dfrac{\partial^2\varphi}{\partial z^2}\right] \end{cases} \qquad (2\text{-}6)$$

将式（2-6）代入式（2-2）及式（2-5）中，式（2-2）的第一个方程自然满足，其余各方程的共同要求是

$$\nabla^2\nabla^2\varphi = 0 \tag{2-7}$$

以应力函数表示的位移分量为

$$\begin{cases} u = -\dfrac{1+\nu}{E}\dfrac{\partial^2\varphi}{\partial r\partial z} \\ \omega = \dfrac{1+\nu}{E}\left[2(1-\nu)\nabla^2\varphi - \dfrac{\partial^2\varphi}{\partial z^2}\right] \end{cases} \tag{2-8}$$

求解方程（2-7）中 $\varphi(r,z)$ 的方法有分离变量法和积分变换法，习惯上采用 Hankel 积分变换法。由 Hankel 积分变换法求得解为

$$\varphi(r,z) = \int_0^\infty [(A+BZ)\mathrm{e}^{-\xi z} + (C+DZ)\mathrm{e}^{-\xi z}]\xi J_0(\xi r)\mathrm{d}\xi \tag{2-9}$$

式中，$J_0(\xi r)$ 为第一类零阶贝塞尔函数；A、B、C、D 为待定系数，由弹性层状体系的层间条件和边界条件确定。

将式（2-9）代入式（2-6）和式（2-8），可得各应力分量和位移分量表达式。对于某种特定的荷载、体系层数与层间连续条件，式中的待定系数可以确定[54]。

我国 2006 版和 2017 版的《公路沥青路面设计规范》就是以多层弹性理论、层间接触条件为完全连续体系为基础，采用上述求解方法，用 APDS 专用程序进行沥青路面计算机辅助设计。

2.2　层间接触有限元理论基础

2.2.1　接触界面条件

对于接触问题，除了其场变量需满足固体力学基本方程、给定的边界条件及动力问题的初始条件外，还应满足接触面上的接触条件，主要为不可侵彻条件和摩擦条件。对于接触或将要接触的两个物体，其界面接触状态可分为分离、黏结接触和滑动接触三种。对于这三种情况，接触界面的位移和力的条件是各不相同的，正是实际的接触状态在这三种情况中的转化导致了接触问题的高度非线性特点[55]。

如图 2-3 所示的局部坐标系 $\eta_1\eta_2\eta_3$，其单位基矢量分别为 e_1、e_2 和 $e_3 = n$，其中 n 为物体 A 在接触点处表面的单位外法线矢量。

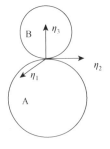
图 2-3　两个物体接触示意图

（1）分离状态。

位移条件：

$$g_3 = n(u^A - u^B) + d_3^0 > 0 \qquad (2\text{-}10)$$

面力条件：

$$p^A = n\sigma^A = 0 \qquad (2\text{-}11)$$

$$p^B = n\sigma^B = 0 \qquad (2\text{-}12)$$

（2）黏结接触状态。

位移条件：

$$g_3 = n(u^A - u^B) + d_3^0 = 0 \qquad (2\text{-}13)$$

$$g_i = e_i(u^A - u^B) = 0 \quad (i = 1, 2) \qquad (2\text{-}14)$$

面力条件：

$$p^A + p^B = 0 \qquad (2\text{-}15)$$

$$p_3 = p_3^A = -p_3^B \qquad (2\text{-}16)$$

$$\sqrt{p_1^2 + p_2^2} < -\mu p_3 \qquad (2\text{-}17)$$

（3）滑动接触状态。

位移条件：

$$g_3 = n(u^A - u^B) + d_3^0 = 0 \qquad (2\text{-}18)$$

面力条件：

$$p_3 = p_3^A = -p_3^B \qquad (2\text{-}19)$$

$$\sqrt{p_1^2 + p_2^2} = -\mu p_3 \qquad (2\text{-}20)$$

式（2-10）～式（2-20）中，u 为位移矢量；p_i、g_i、d_i^0 分别为三个局部坐标方向的接触面力分量、间隙分量和初始间距分量；上标 A、B 分别表示物体 A 和物体 B；μ 为摩擦系数。

对处于接触状态的两个物体，其接触面处的面力必须满足动量平衡。由于界面没有质量，这就要求两个物体接触面处面力的合力为零。如果两个物体的接触面是绝对光滑的，或者相互间的摩擦力可以忽略，则在计算分析时可采用无摩擦模型，即认为接触面之间的切向摩擦力为零，亦即

$$p_1 = p_2 = 0 \qquad (2\text{-}21)$$

如果接触面间的摩擦必须考虑，则应采用有摩擦的模型。在工程分析中，库仑摩擦模型因其简单和适用性广而被广泛应用。库仑摩擦模型认为切向摩擦力的数值不能超过它的极限值，即

$$\sqrt{p_1^2 + p_2^2} \leqslant \mu p_3 \qquad (2\text{-}22)$$

2.2.2 接触条件的离散化

利用有限元法分析接触问题与非接触问题，在结构离散方面没有原则性的区别。接触问题主要是将未加载前已经接触的边界和加载后可能接触的边界都定义为接触边界，并把已接触边界上的任意一个节点定义为属于两接触体的一个节点对，把可能接触边界上的节点也成对配置。接触边界是时间的函数，它的确定是接触问题解答的重要部分。对于道路结构接触非线性问题，所有的接触边界在加载前就已经处于接触状态，而且滑动量较小（称为小滑动），因此接触点对的定义较为简单。

1. 接触体间小滑动情况的离散

对物体 A、B 分别进行有限元网格剖分，并规定在初始接触面上，物体 A 和 B 上的节点坐标位置相同，即形成接触点。对于每一个接触点对，可将局部坐标系的原点放在物体 A 的那一个节点上。接触表面记为 S_0，接触载荷引起的节点力分别为 R_i^{A}、R_i^{B}。

在采用增量法进行有限元分析时，在接触边界上[55]：

（1）分离节点对。

$$\Delta R_i^{A} = 0, \quad \Delta R_i^{B} = 0 \tag{2-23}$$

$$\Delta u_i^{A} - \Delta u_i^{B} = \Delta g_i \tag{2-24}$$

式中，下标 i 为局部坐标轴 η 的方向（$i = 1, 2, 3$）；ΔR_i^{A}、ΔR_i^{B} 和 Δu_i^{A}、Δu_i^{B} 分别为局部坐标系下的接触节点力增量和接触节点位移增量；Δg_i 为节点对间隙增量。

（2）黏结节点对。

$$\Delta R_i^{A} = -\Delta R_i^{B} = \Delta R_i \tag{2-25}$$

$$\Delta u_i^{A} - \Delta u_i^{B} = 0 \tag{2-26}$$

（3）滑动节点对。

$$\Delta R_3^{A} = -\Delta R_3^{B} = \Delta R_3 \tag{2-27}$$

$$\Delta R_1^{A} = -\Delta R_1^{B} = \pm\mu\Delta R_3\cos\alpha \tag{2-28}$$

$$\Delta R_2^{A} = -\Delta R_2^{B} = \pm\mu\Delta R_3\sin\alpha \tag{2-29}$$

$$\Delta u_3^{A} - \Delta u_3^{B} = 0 \tag{2-30}$$

$$\Delta u_1^{A} - \Delta u_1^{B} = \Delta g_1 \tag{2-31}$$

$$\Delta u_2^{A} - \Delta u_2^{B} = \Delta g_2 \tag{2-32}$$

摩擦力的正负取决于滑动方向。α 为滑动方向与 η_1 轴的夹角，在增量法求解过程中，由接触节点对的相对位移来判定，或用前一个增量步的摩擦力方向来判断。在式（2-28）和式（2-29）中，采用库仑摩擦模型确定摩擦力，μ 为滑动摩擦系数。

在增量法求解的过程中，接触节点对的类型在每一增量步中应保持不变，但在不同的增量步中有可能不同，判断接触类型是否改变的准则如表 2-1 所示。

表 2-1　接触类型判断准则

接触类型		判断准则
第 l_n 步	第 l_{n+1} 步	
分离	分离	$g_3 > 0$
	接触	$g_3 \leqslant 0$
黏结	黏结	$R_3 \geqslant 0$，$|R_1| < \mu R_3 \cos\alpha$，$|R_2| < \mu R_3 \sin\alpha$
	分离	$R_3 \leqslant 0$
	滑动	$R_3 \geqslant 0$，$|R_1| = \mu R_3 \cos\alpha$，$|R_2| = \mu R_3 \sin\alpha$
滑动	黏结	$R_3 \geqslant 0$，$\Delta R_1 \Delta g_1 > 0$，$\Delta R_2 \Delta g_2 > 0$
	分离	$R_3 < 0$
	滑动	$R_3 \geqslant 0$，$\Delta R_1 \Delta g_1 \leqslant 0$，$\Delta R_2 \Delta g_2 \leqslant 0$

以上接触节点对条件是最为方便简单的，同时其功能也较弱，只能用于分析滑动量较小的情况。对于接触体间有较大相对滑动的情况，需用点-线、点-面或面-面接触条件。

在给定的接触边界情况下，当外载荷一定时，可根据表 2-1 中三种状态的判断条件，将不同段的接触边界分为不同的接触状态。但必须注意到，在表 2-1 中的三种判断条件中，要用到接触面上相对接触物体的位移和反力，而这些通常都是未知的。因此，在接触问题求解的第一步，必须首先假定出两个物体的接触状态，然后由假定的接触状态给出数值分析方程，从而解出接触面上物体的位移和反力，再根据解出的结果来判断和修正原来的接触状态，这样不断循环，直到最后的接触状态稳定为止。可以看出，这是一个需要迭代才能求解的非线性问题。

2. 两节点接触单元

应用有限单元法分析接触问题，最为直接的方式是在接触面上设立一种特殊形式的单元，一般称为接触单元，也称界面单元。通过这些单元与接触物体的连接、组装，建立接触系统整体的平衡方程。两个物体接触，在接触面上同一位置两侧有一个节点对 (i, j)，如图 2-4（a）所示，将这一节点对连接即可组成一个单元。古德曼两节点单元[55]的力学模型可表示为两个节点间由一个法向弹簧和一个切向弹簧连接，如图 2-4（b）所示，其刚度系数分别 K_n 和 K_m，当节点发生相对位移时就产生相互作用力。

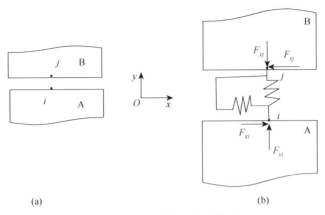

(a)   (b)

图 2-4   两节点接触力学模型

节点力和节点位移的关系为

$$F_{xi} = -F_{xj} = K_m(u_i - u_j) \tag{2-33}$$

$$F_{yi} = -F_{yj} = K_n(v_i - v_j) \tag{2-34}$$

用矩阵表示为

$$\begin{Bmatrix} F_{xi} \\ F_{yi} \\ F_{xj} \\ F_{yj} \end{Bmatrix} = \begin{Bmatrix} K_m & 0 & -K_m & 0 \\ 0 & K_n & 0 & -K_n \\ -K_m & 0 & K_m & 0 \\ 0 & -K_n & 0 & K_n \end{Bmatrix} \begin{Bmatrix} u_i \\ v_i \\ u_j \\ v_j \end{Bmatrix} \tag{2-35}$$

或

$$F = KU \tag{2-36}$$

刚度系数的取值与应力变形有关。如果将接触面上的剪切应力和剪切位移简化为理想弹塑性模型，当剪切应力达到抗剪强度时，K_m 取值很小，否则按试验数据取值。K_n 的取值比较简单，当接触面粘连时，K_n 取较大的值；当接触面未接触时，K_n 取很小的值。通过连续条件将式（2-36）与针对接触物体分别建立的代数方程集合成整个接触系统的代数方程组，从而进行求解。但需注意的是，由于接触状态事先未知，即 K_m、K_n 的值不确定，在实际求解过程中往往需要进行增量迭代计算，即首先假设接触点类型（给出 K_m、K_n 的初始值），求解出位移及接触单元节点力，然后检验和修正接触类型，并反复迭代计算，直至假设和计算所得的接触类型一致。

2.2.3   ABAQUS 层间接触问题的处理

ABAQUS 有限元软件[56,57]是由美国 HKS（Hibbitt，Karlsson & Sorensen）有限公司研制开发的，在国际上被公认为是功能最强的有限元软件之一，其解决问题的范围从相对简单的线性问题到复杂的非线性问题。ABAQUS 有丰富的、可模拟任意实际形状的单元库，也有相当丰富的材料模型库，可以模拟大多数典型工程材料的性能，包括金属、橡胶、高分子材料、复合材料、钢筋混凝土、可压缩的弹性泡沫及地质材料（如土和岩石）等。作为一种通用的模拟计算工具，ABAQUS 不仅能解决结构分析（应力/位移）的许多问题，还可以模拟热传导、质量扩散、电子部件的热控制（热-电耦合分析）、声学、岩土力学（渗流-应力耦合分析）及压电介质力学分析等广阔领域中的问题。

1. ABAQUS 的接触算法

沥青路面结构的沥青面层之间、沥青下面层和半刚性基层之间存在接触问题，同样，许多工程问题也含有两个或多个部件间的接触问题。在这类问题中，当两个物体接触时，垂直于接触面的力作用在两个物体上；如果接触面间存在摩擦，还可能会产生摩擦力以抵抗物体的切向相对运动。接触模拟的目的是确定表面上发生的接触面积及计算所产生的接触压力。

在有限元分析中，接触条件是一类特殊的不连续约束，它允许力从模型的一部分传输到另一部分。因为仅当两个表面接触时才应用接触条件，所以这种约束是不连续的。当两个表面分开时，没有约束作用在接触表面。因此，分析方法必须能够判断什么时候两个表面是接触的并且采用相应的接触约束。类似地，分析方法也必须能够判断什么时候两个表面分开并解除接触约束。

在利用 ABAQUS 进行接触模拟分析时，要在模型中的各个构件上建立表面，必须定出可能会相互接触的一对表面（称为接触对），最后按照模型构成求出各种表面间的相互作用。这些表面间的相互作用包括摩擦等行为。

ABAQUS/Standard 和 ABAQUS/Explicit 都具有接触模拟功能，但它们有着明显的差异。ABAQUS/Standard 中的接触模拟基于表面或者基于接触单元，而 ABAQUS/Explicit 中的接触模拟可采用通用接触算法或者接触对算法。通用接触算法允许用户非常简单地定义接触，对接触表面的类型限制很少；接触对算法对接触表面的类型限制比较严格，但是它具备模拟一些通用接触算法尚不能模拟的功能。

2. ABAQUS 接触表面间的相互作用行为

接触表面间的相互作用包括两类[56, 57]：一类是垂直于接触面的相互作用，另一类是沿接触面切向的相互作用。沿接触面切向的相互作用包括表面间的相对运动（滑动）和可能存在的摩擦剪应力。

1）垂直于接触面的相互作用

两个表面之间分开的距离称为间隙。当两个表面之间的间隙变为零时，就应用了接触约束。在接触问题的公式中，未对可以在表面间相互传递的接触压力的量值加以任何限制。当接触压力变为零或负值时，两表面分开，约束被移去，这种表面相互作用的行为称为"硬"接触。图 2-5 所示的接触压力-间隙关系总结了这种行为。当接触条件从"开"（间隙大于零）到"闭"（间隙为零）时，接触压力发生剧烈的变化，有时使得 ABAQUS/Standard 完成接触模拟非常困难，而 ABAQUS/Explicit 采用了显式算法，不需要迭代，比较容易完成接触模拟计算。

2）沿接触面切向的相互作用

（1）相对滑动。除了要确定是否在某一点发生接触外，分析中还必须确定两个表面间的相对滑动。这是一个很复杂的问题，因此在分析中，ABAQUS 必须区分表面间滑动量较小和滑动量较大的问题。对于表面间滑动量较小的问题，计算量非常少。"小滑动"一般所遵循的概念是，当一点与一表面接触时，只要这点的滑动量不超过一个典型单元的尺寸，就可以近似地应用"小滑动"。

（2）摩擦。如果两个相互作用表面是粗糙的，在分析中就需要考虑摩擦力，而摩擦力正是限制相对滑动的。库仑摩擦模型是常用的摩擦模型，可以用于描述接触面之间的切向相互作用。该模型用摩擦系数 μ 来表征两个接触面间的摩擦行为，乘积 μp 给出了接触表面间摩擦剪应力的极限值，这里，p 表示两表面间的接触压应力。当接触面间的剪应力等于摩擦剪应力的极限值 μp 时，接触表面才会发生相对滑动。大多数表面的 μ 小于 1。在图 2-6 中，实线表示典型的库仑摩擦行为：当它们黏结时（剪应力小于 μp），表面间的相对运动为零。在模拟过程中，黏结或滑移两种状态间的不连续导致了收敛问题。模拟一个理想的摩擦行为是非常困难的，因此 ABAQUS 采用一个允许"弹性滑动"的罚摩擦公式，如图 2-6 中的虚线所示。"弹性滑动"指在黏结的接触面之间所发生的小量的相对运动。ABAQUS 自动选择罚刚度（虚线的斜率），因此这个允许的"弹性滑动"量与特征单元尺寸相比是非常小的。罚摩擦公式适用于大多数问题，而有些问题必须包括理想的黏结-滑动摩擦行为，可以应用拉格朗日摩擦模型。但是 ABAQUS 对每个摩擦接触的表面节点采用附加的变量，拉格朗日摩擦模型占用较多的计算机资源，而且解的收敛速度会很慢，通常需要更多的迭代计算。

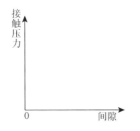

图 2-5　接触压力-间隙关系[55]

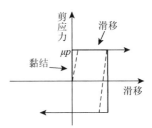

图 2-6　库仑摩擦行为[55]

3. ABAQUS/Explicit 的搜索接触算法[55]

在 ABAQUS/Explicit 中的搜索接触算法包括约束增强方法、接触表面权重算法、搜索方法和滑移公式。由于一个接触面上的节点可能与对面接触面上的任意一个单元面发生接触，ABAQUS/Explicit 必须采用成熟的搜索算法来跟踪接触面的运动。虽然搜索接触算法对用户是透明的，并且一般不需要用户控制，但是在某些情况下还是需要给予特殊的考虑，而且需要对这种方法有一定的理解。在通用接触算法中使用了更加明确的整体/局部搜索算法，而不需要用户进行控制，因此采用搜索接触算法对层间接触问题进行处理更为合理。

在每个分析步开始时，需要进行一次彻底的、整体的搜索以确定每个接触对上与每个从属节点相距最近的主控接触面上的面元。整体搜索认为每个从属节点都可能和主控接触面上的任一个面元接触，因此这种搜索方法十分费时，在默认状态下，每 100 个增量步长才执行一次整体搜索。如图 2-7 所示，通过整体搜索确定了距离从属节点 50 最近的主控面元是单元 10 的面元，节点 100 被认为是在主控面元上距离从属节点 50 最近的节点，该节点被指定为跟踪主控表面节点。对于每个从属节点，整体搜索的目的是确定与其距离最近的主控面元和它所跟踪的主控表面节点。

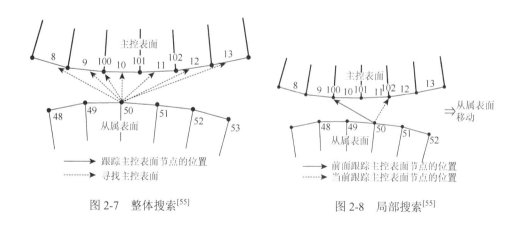

图 2-7　整体搜索[55]　　　　　　　　　图 2-8　局部搜索[55]

由于整体搜索耗时过大，在大多数增量步中执行低成本的局部搜索。在一次局部搜索中，对于给定的从属表面节点，仅搜索附属于前一个主控表面节点的主控面元，以确定距离该从属表面节点最近的面元。在图 2-8 中，前一个增量步使图 2-7 所示模型的从属表面有了少许移动。因为前一个跟踪主控表面节点是 100，这样附属于节点 100 的面元 9 和面元 10 被确定为与从属表面节点 50 较近的主控表面面元。经比较，面元 10 最接近节点 50。下一步就是从与面元 10 相连的节点中找出当前的主控表面追踪节点。

　　此时，面元 10 上的 101 节点成为最接近从属表面节点 50 的节点，局部搜索继续进行，直到相邻两次迭代的跟踪主控表面节点保持为相同的节点为止。在此例中，主控表面追踪节点从 100 变为 101，所以局部搜索会继续进行。现在要从与节点 101 相连的主控面元中（此例为面元 10 和 11）确定距离从属表面节点 50 最近的主控面元。经确定，面元 11 是最近的面元，节点 102 是新的跟踪主控表面节点。由于节点 102 是真正的距离从属表面节点 50 最近的主控表面上的节点，进一步的搜索不会改变跟踪主控表面节点，局部搜索到此结束。

　　由于增量步长很短，在多数情况下，接触物体从一个增量步到另一个增量步的移动是很小的，因此局部搜索对于追踪接触面的运动是合适的。但是，在某些情况下也可能引起局部搜索失败。

　　4. ABAQUS 层间接触问题的假定

　　根据 ABAQUS 对非线性接触问题的处理方法，本书在计算中对各结构层间接触条件做了如下基本假定[55]：①接触面的力学边界条件和几何边界条件均用节点力和节点位移表示；②在接触面上作用有摩擦力，其摩擦力遵守库仑定律；③两个物体在接触过程中不能相互侵入对方，并保持层间表面间隙为零。因此，垂直于接触面的相互作用在传递竖向接触压力时不会随层间接触状态的变化而变化，而沿接触面切向的相互作用遵循库仑摩擦模型行为，即

$$\tau_{\text{crit}} = \mu p \qquad\qquad (2\text{-}37)$$

式中，τ_{crit} 为界面临界剪切应力；μ 为摩擦系数，其值越小则界面黏结越差，其值越大则界面黏结越好，μ 取值常介于 0~1；p 为法向接触压应力，其值由路面各结构层层底传递来的压应力决定。

2.3　基于层间接触状态的铺面结构静力学行为

2.3.1　有限元计算模型的建立

　　以某二级公路工程的半刚性沥青路面结构为例建立有限元计算模型，接触模型设置三个接触面（位置见图 2-9），以考虑沥青混凝土层与水泥稳定碎石层之间及沥青混凝土层之间的黏结性能。接触面处在传递竖向应力和位移时连续，在传递剪应力时其传递能力取决于摩擦系数 μ 的大小。根据文献[58]的试验结果可知，沥青面层与基层之间的摩擦系数为 0.399~0.829，而通常情况下，道路的实际施工状况要比实验室差，因此计算时假定三个接触面之间的摩擦系数为 0.5，以此作为接触分析的基准条件，而底基层与路基之间假定为完全连续。当为连续模型时，各层分界面处的应力和位移完全连续。

参考文献[59]对路面有限元法求解的模型平面尺寸的建议，计算中模型的尺寸为 3.8m×3.8m×3.54m 或更大，图 2-10 为接触分析的有限元几何模型示意图。

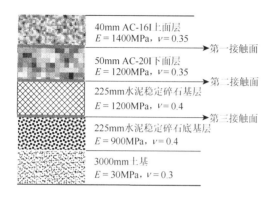

40mm AC-16I 上面层
$E = 1400$MPa，$v = 0.35$　→第一接触面

50mm AC-20I 下面层
$E = 1200$MPa，$v = 0.35$　→第二接触面

225mm 水泥稳定碎石基层
$E = 1200$MPa，$v = 0.4$　→第三接触面

225mm 水泥稳定碎石底基层
$E = 900$MPa，$v = 0.4$

3000mm 土基
$E = 30$MPa，$v = 0.3$

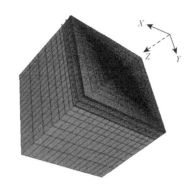

图 2-9　半刚性沥青路面结构示意图　　　图 2-10　有限元几何模型示意图

边界条件假设为：底面上没有 Z 方向的位移，左右两面没有 Y 方向的位移，前后两面没有 X 方向的位移。为了节省计算时间，采用非均匀的网格划分方法，上面层和下面层划分较细，基层、底基层与土基划分较粗，在轴载作用区域加密网格密度。单元采用 ABAQUS 中的 3 维 8 节点缩减积分单元（C3D8R）。有限元网格划分如图 2-10 所示。

2.3.2　层间状态对结构受力关键参数的影响

各结构层完全连续时采用连续模型，各结构层不完全连续（即考虑为层间黏结）时采用接触模型，接触模型中三个接触面处的摩擦系数均为 0.5。考虑车辆荷载的竖向作用，轮胎与路面的接地压强取为 0.7MPa。

1）路表弯沉值

如图 2-11 所示，连续模型和接触模型的路表弯沉形式均呈倒置的 W 形。轮隙中心的弯沉值：接触模型为 0.69mm，连续模型为 0.46mm，接触模型的路表弯沉值约是连续模型的 1.5 倍，这说明接触模型的整体刚度要小于连续模型。

2）面层底面和基层底面的最大主应力

图 2-12、图 2-13 分别为连续模型与接触模型在车辆荷载作用正下方（$X = 0$）沿厚度方向的最大主应力云图和传递情况。图中结果显示，连续模型各结构层的交界面处，应力除了由各结构层材料模量差异引起微小差别外，基本上保持连续传递；而接触模型各结构层的交界面处，应力产生明显突变，应力大小差别很大，

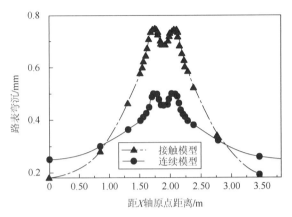

图 2-11　接触模型和连续模型的路表弯沉值

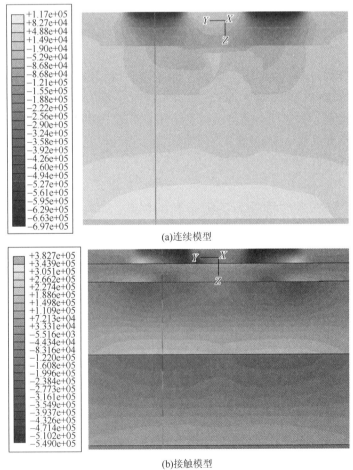

图 2-12　最大主应力云图（单位：Pa）

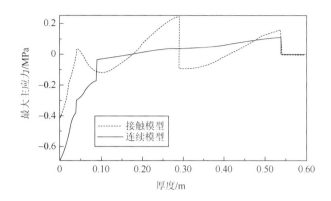

图 2-13　最大主应力沿厚度方向的传递情况

表现得极不连续。沥青路面结构具有层间接触特性，因此为获取路面结构内部的真实应力传递规律信息，应采用接触模型的分析结果。

表 2-2 给出了各计算模型面层和基层底面的最大主应力计算结果。连续模型以一个整体参与受力，上面层底面和下面层底面最大主应力的最大值虽然是正值，但是很小，最大只有 0.029MPa；在车轮荷载作用区的下方，最大主应力最大值是负值（即最大主应力是压应力）。虽然半刚性基层底面的最大主应力均为正值，但最大值也只有 0.040MPa。在《公路沥青路面设计规范》（JTG D50—2017）[1]中，确定沥青路面结构所需厚度的第 2 项指标"层底拉应力 σ_m 应小于或等于容许拉应力 σ_R"就没有实际意义（层底包括沥青面层层底和半刚性材料层层底），起不到控制设计的作用。接触模型由于考虑了层间接触作用，路面结构并不是作为一个整体参与受力，每个结构层顶部的最大主应力是压应力，结构层底部的最大主应力是拉应力，而且上面层底面的最大主应力的最大值为 0.371MPa。可见，在沥青路面结构设计时如果采用接触模型，确定沥青路面结构所需厚度的第 2 项指标才具有控制意义。

表 2-2　面层和基层底面的最大主应力　　　　　（单位：MPa）

位置	上面层底面	下面层底面	半刚性基层底面
连续模型	0.029	0.021	0.040
接触模型	0.371	0.205	0.249

3）土基顶面的最大压应变

由图 2-14 可知，土基顶面的最大压应变都在轮隙中心的正下方取得，但连续模型的最大压应变仅为接触模型的 41%。由于接触模型更接近于路面实际工作状态，如果根据连续模型进行路面结构厚度设计，则更偏于不安全。这在一定程度上说明了路面比较容易出现车辙和沉陷等早期病害的原因。

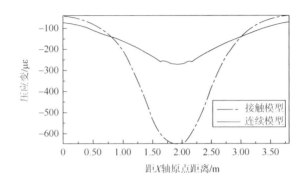

图 2-14　土基顶面压应变分布

4）面层底面的最大剪应力

图 2-15 和图 2-16 分别为连续模型和接触模型的最大剪应力云图。由图可知，连续模型由于整体受力，最大剪应力出现在沥青上面层底面、沥青下面层顶面和半刚性基层的顶面（图 2-15 中颜色较浅的部分）；接触模型的最大剪应力则出现在沥青上面层和下面层的底面（图 2-16 中颜色较浅的部分）。据表 2-3 可知，接触模型的沥青面层最大剪应力是连续模型的 1.7～2.4 倍。剪应力是使沥青面层

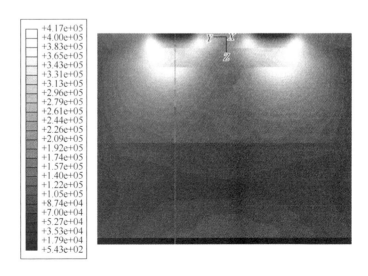

图 2-15　连续模型最大剪应力云图（单位：Pa）

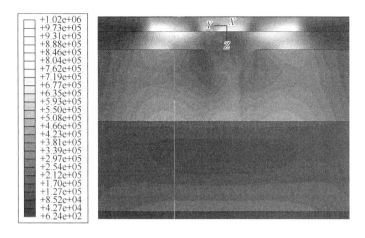

图 2-16　接触模型的最大剪应力云图（单位：Pa）

产生剪切变形（如推移、拥包等）及车辙的重要因素。接触模型的计算结果在某种程度上可以解释目前我国半刚性路面在使用早期就出现的推移、拥包等破坏现象。

表 2-3　连续模型与接触模型的最大剪应力比较　（单位：MPa）

位置	上面层底面	下面层顶面	下面层底面	半刚性基层顶面
连续模型	0.208	0.208	0.186	0.204
接触模型	0.501	0.367	0.371	0.179
比例	2.409	1.764	1.995	0.877

注："比例"一行中的数据是接触模型最大剪应力与连续模型最大剪应力的比值。

2.3.3　车辆荷载作用方式对结构受力关键参数的影响

前面的分析仅考虑了车轮对路面的垂直力。在车辆制动或驱动过程中，作用于路面上的水平力比较大，不能忽视，其值由式（2-38）确定[60]：

$$F_2 = \psi P \qquad (2-38)$$

式中，F_2 为车辆制动时轮胎给路面的水平力；P 为车辆对路面作用的竖向荷载；ψ 为轮胎与路面之间的滑动摩擦系数，对停车站、交叉路口等缓慢制动地点取 0.2，对偶然的紧急制动取 0.5。

在进行水平荷载和竖向荷载对路面的综合作用分析时，将车辆的竖向荷载取为标准轴载，水平荷载考虑为缓慢制动情形，轮胎与路面之间的滑动摩擦系数 ψ

取 0.2，并且假定它们呈均匀分布（竖向荷载集度为 0.7MPa；水平荷载集度为 0.14MPa，作用方向与行车方向相同）。为了比较连续模型和接触模型（三个接触面处的摩擦系数 μ 均取 0.5）在两种荷载联合作用下的力学响应，分别施加上述荷载进行分析。竖向荷载与水平荷载联合作用图式如图 2-17 所示。

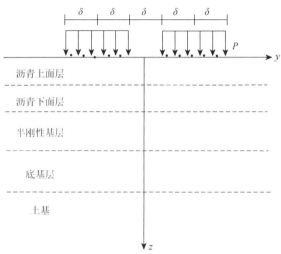

图 2-17　竖向荷载与水平荷载联合作用图式

图中的·表示水平荷载，方向与 x 轴正向相同

各力学响应指标计算结果如表 2-4 和表 2-5 所示。由表 2-4 中的最大主应力值可知，连续模型以一个整体参与受力，所以最大主应力的最大值出现在半刚性基层底面；而接触模型依靠层间接触传递水平应力，路面结构最大主应力的最大值出现在沥青上面层底面。另外，由表 2-4 还可知，水平荷载对连续模型的弯沉、最大主应力和土基顶面最大压应变的影响很小；对接触模型而言，除了对上面层底面的最大主应力影响较大（约为连续模型的 15.2 倍）外，水平荷载对弯沉、最大主应力和土基顶面的最大压应变的影响也很小。

当路面仅有竖向载荷作用变为由竖向荷载和水平荷载作用后，由表 2-5 可知，无论连续模型还是接触模型，水平荷载对路面结构的剪应力影响较大，但两种模型的情况又有所不同。对连续模型而言，水平荷载对沥青上面层底面最大剪应力的影响最大；随着深度的增加，水平荷载对最大剪应力的影响逐渐减小。接触模型的情况与连续模型相反，水平荷载对半刚性基层顶面最大剪应力的影响最大；随着深度的增加，水平荷载对最大剪应力的影响逐渐增大。之所以会出现两种不同的情况，与两种模型的传力情况有关。连续模型以一个整体参与受力，所以对沥青面层最大剪应力的影响较大；而接触模型依靠层间接触传递水平应力，所以对沥青面层、半刚性基层的最大剪应力都有较大影响。

表 2-4 弯沉、最大主应力、土基顶面最大压应变等指标比较

荷载方式及比例		弯沉/0.01mm		最大主应力/MPa			土基顶面最大压应变/×10⁻⁴
		最大值	轮隙中心	上面层底面	下面层底面	半刚性基层底面	
连续	竖向	50.1	45.6	0.029	0.021	0.040	2.71
	竖向与水平	50.3	45.2	0.029	0.022	0.040	2.72
接触	竖向	74.8	69.0	0.371	0.205	0.249	6.64
	竖向与水平	75.1	68.3	0.440	0.202	0.257	6.49
比例 1（B/A）		1.00	0.99	1.00	1.05	1.00	1.00
比例 2（D/C）		1.00	0.99	1.19	0.99	1.03	0.98
比例 3（C/A）		1.49	1.51	12.8	9.76	6.22	2.45
比例 4（D/B）		1.49	1.51	15.2	9.19	6.43	2.39

注：A 为连续模型在仅有竖向荷载作用下的力学响应值，B 为连续模型在竖向荷载与水平荷载联合作用下的力学响应值，C 为接触模型在仅有竖向荷载作用下的力学响应值，D 为接触模型在竖向荷载与水平荷载联合作用下的力学响应值，下同。

表 2-5 最大剪应力比较　　　　　　　　　　（单位：MPa）

荷载方式及比例		上面层底面	下面层顶面	下面层底面	半刚性基层顶面
连续	竖向	0.208	0.208	0.186	0.204
	竖向与水平	0.229	0.227	0.189	0.207
接触	竖向	0.501	0.367	0.371	0.179
	竖向与水平	0.526	0.388	0.394	0.204
比例 1（B/A）		1.10	1.09	1.02	1.01
比例 2（D/C）		1.04	1.06	1.06	1.14
比例 3（C/A）		2.41	1.76	2.00	0.88
比例 4（D/B）		2.30	1.71	2.08	0.99

2.3.4　多因素综合作用对结构受力关键参数的影响

2.3.2 节和 2.3.3 节的分析是为了突出层间状态和水平荷载对路面力学响应的影响，以证明层间状态和水平荷载是路面结构分析中应加以考虑的重要因素。本节在此基础上进一步考虑温度变化，即形成多因素综合作用情形。

1. 计算模型与计算参数

采用三维有限元法进行基于层间接触状态的沥青路面在温度、水平荷载、竖向荷载等多因素综合作用下的力学响应分析，采用的三维空间几何计算模型如图 2-18 所示。基本计算参数如下：路面结构几何模型尺寸为 5.0m×5.0m×3.54m，车辆荷载采用标准轴载 BZZ-100，沿 Z 轴方向的竖向荷载为 0.7MPa，考虑车辆制动或起动时

的情况，沿 X 轴方向的水平荷载约为竖向荷载的 1/2[60]，即 0.35MPa，其余主要计算参数如表 2-6 所示。由于沥青混凝土具有明显的粘温特性，沥青路面温度应力的大小与其劲度模量密切相关。为此，计算中沥青混凝土的模量采用劲度模量，而不采用抗压回弹模量。计算中，AC-13、AC-20 沥青混合料在不同温度下的劲度模量值如表 2-7 所示，沥青混合料的泊松比根据经验取值，如表 2-7 所示。

表 2-6　主要计算参数

结构层名称	结构层代号	厚度 h /cm	密度 ρ /(kg/m³)	弹性模量 E /MPa	泊松比 ν	导热系数 λ /[W/(m·℃)]	热膨胀系数 α /(10⁻⁵/℃)	比热容 c /[J/(kg·℃)]
沥青混凝土上面层	AC-13	4.0	2390	见表 2-7	见表 2-7	1.5	2.50	920
沥青混凝土下面层	AC-20	5.0	2430	见表 2-7	见表 2-7	1.4	1.60	900
水泥稳定碎石基层	CCR1	22.5	2300	1500	0.25	1.2	0.98	830
水泥稳定碎石底基层	CCR2	22.5	2300	1500	0.25	1.2	0.98	830
土基	SOIL	—	1800	30	0.35	1.5	0.45	800

表 2-7　沥青混凝土劲度模量 S、泊松比 ν 与温度的关系

结构层代号	材料参数	温度 T/℃									
		−26	−20	−10	0	10	15	20	25	30	40
AC-13	劲度模量 S/MPa	4000	3500	2800	2000	900	570	400	330	300	250
	泊松比 ν	0.25	0.25	0.25	0.30	0.30	0.30	0.35	0.35	0.40	0.40
AC-20	劲度模量 S/MPa	4500	4000	3100	2200	1000	600	440	380	350	300
	泊松比 ν	0.25	0.25	0.25	0.30	0.30	0.30	0.35	0.35	0.40	0.40

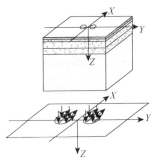

图 2-18　几何模型及荷载作用示意图

2. 计算条件与外荷载组合工况

由于路面结构完全处于自然环境之中，外界气温的变化会导致路面结构体内温度场产生变化。本节计算所考虑的路面处于高寒地区，具有冬季严寒、夏季凉爽、日温差大、日照强等特点，因此温度变化对路面的影响不容忽视。为突出温度变化对路面性能的影响程度，本节参考某工程当地的温度变化资料，取最大温差作为计算条件。计算中考虑了三种不同温度场状况，均先假定路面体内

的基准温度为 0℃，在基准状况下路表温度不变，路面体内依然为 0℃。在高、低温状况下假定路表温度分别为 40℃和–26℃，再分别采用有限元热传导基本方法[56]计算路面结构体内沿厚度方向的温度场分布，计算结果如图 2-19 所示。

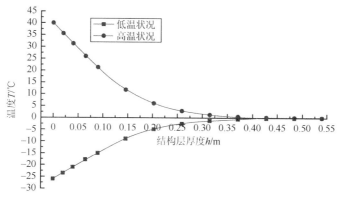

图 2-19　沿厚度方向的温度场分布情况

路面结构层间接触状态分别考虑为完全连续理想状态（用 LX 表示）和不同接触条件的实际状态。在不同接触条件的实际状态时，沥青混凝土上面层与下面层、下面层与基层、基层与底基层的层间黏结情况用摩擦系数 μ 表示，其大小分别取为 1.0、0.8、0.6、0.4、0.2、0，并遵循式（2-37）的变化规律，底基层与土基之间考虑为完全连续状态。

3. 计算结果与分析

1）变形值

车辆荷载作用处路表最大水平推挤位移和最大竖向变形计算结果分别如图2-20、图 2-21 所示。

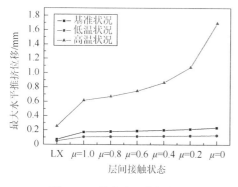

图 2-20　最大水平推挤位移

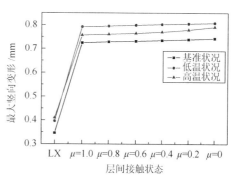

图 2-21　最大竖向变形

由图 2-20 和图 2-21 可以看出：

（1）采用连续模型和接触模型的路表变形值存在明显差别，接触模型比连续模型明显增大，进一步说明接触模型的整体抗变形能力（即使在层间黏结优良的情况下，如 $\mu = 1.0$）要小于连续模型。

（2）在基准状况与低温状况下，层间接触摩擦系数 μ 由 1.0 变到 0 时，最大水平推挤位移有所变化，但变化很小，$\mu = 0$ 时的最大水平推挤位移是 $\mu = 1.0$ 时的 1.21 倍；但在高温状况下，随层间接触状态的恶化，最大水平推挤位移变化明显，$\mu = 0$ 时的最大水平推挤位移是 $\mu = 1.0$ 时的 2.73 倍。说明低温状况下，层间接触状态对最大水平推挤位移的影响很小，但在高温状况下影响很大。因此，高温季节水平向的推挤变形病害在层间黏结很差时更容易产生。

（3）对于最大竖向变形，基准与低温状况下，层间接触状态对其影响甚微，$\mu = 0$ 时的值是 $\mu = 1.0$ 时的 1.03 倍；高温状况下，层间接触状态对其影响也很小，$\mu = 0$ 时的值是 $\mu = 1.0$ 时的 1.06 倍。说明无论在哪种状况下，路面结构在温度和车辆荷载综合作用下或车辆荷载单独作用下所发生的竖向变形几乎与层间接触状态无关。

（4）对于最大水平推挤位移，三者的关系是：高温状况＞基准状况＞低温状况，其主要原因是沥青混合料的粘温特性导致不同温度状态下沥青混合料的抗剪切性能不同。对于最大竖向变形，三者的关系是：低温状况＞高温状况＞基准状况，并且高、低温状况下两者相差很小，在 0.02～0.03mm，主要是沥青混合料的抗压缩变形性能随温度的不同而不同，低温坚硬难以压缩变形，高温柔软易于压缩变形，而且路面材料本身具有热胀冷缩的特性，因此在荷载与温度的综合作用下，高温状况下路面结构升温发生膨胀变形，抵消部分荷载作用下的竖向变形；低温状况下路面结构降温发生收缩变形，与荷载作用下的竖向变形叠加，进一步增大了竖向总变形量。

2）各结构层内的最大拉应力

我国《公路沥青路面设计规范》（JTG D50—2017）对各结构层的应力或应变验算时的基准温度是 15℃，并忽略了温度变化的影响。事实上，沥青混凝土具有非常明显的粘温特性，高、低温状态下的劲度模量相差数十倍，并且路面结构由于边界条件的约束，其降温收缩会产生拉应力，而升温膨胀会产生压应力。为此，在讨论层间接触状态对沥青路面各结构层最大拉应力的影响时，既考虑了温度与荷载的综合作用，又考虑了沥青混凝土劲度模量随温度的变化特性。为了更直观地看出层间接触状态对各结构层最大拉应力的影响程度，将计算结果绘成图 2-22。计算结果表明：

（1）对于各结构层最大拉应力，接触模型均比连续模型明显增大，特别是基层和底基层，两者相差 2 倍左右；即使层间接触状态很好，即摩擦系数 $\mu = 1.0$ 时，

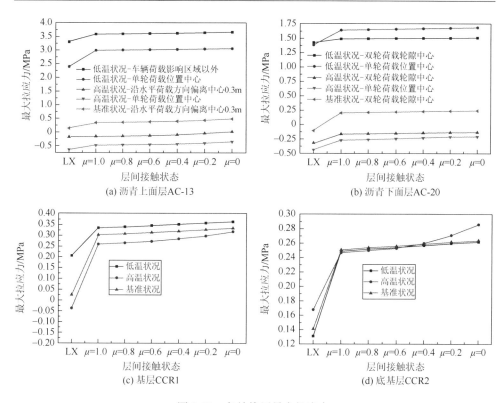

图 2-22　各结构层最大拉应力

它依然是接触模型，各结构层最大拉应力与连续模型仍然存在明显差别。其主要原因是连续模型与接触模型作用机理不同，连续模型认为路面各结构层是一个完全连续的整体，层与层之间以完全连续的方式进行拉应力传递与分散，因此具有较大的承受荷载能力与较强的传递并分散荷载能力；而接触模型认为路面各结构层是一个不连续体，层与层之间依靠层间黏结条件进行拉应力的传递，然后在结构层内进行分散，因此其传递荷载是不连续的，分散荷载的能力较差。实际上，路面结构由不同材料层组成，无论层与层间黏结多好，它依然是不连续体，因此采用接触模型进行沥青路面力学分析更为合理。

（2）低温状况下层间接触状态的变化对各结构层最大拉应力的影响并不明显；而在高温状况下，当层间接触状态较好，即 $\mu = 0.6 \sim 1.0$ 时，影响也较小；但当 $\mu < 0.6$ 时，影响相对较大，特别对于基层和底基层，层间接触状态的变化对其影响显著，并呈现出非线性快速增长趋势。

（3）对于不同的层间状态，在高温状况下，沥青上、下面层的最大拉应力均为负值；而在基准状况下，沥青上、下面层的最大拉应力在 0.204～0.489MPa，均小于沥青混合料的容许拉应力，也仅有低温状况下的 4%～16%。因此，导致高温状况下沥青面层破坏的主要因素是车辆荷载的压密作用与沥青混合料本身的抗高温稳定性能,此时车辆荷载会起到加速破坏进程的作用,并会导致沥青面层剪切病害发生;而导致低温状况下沥青面层破坏的主要因素是外界环境的降温幅度与频率及沥青混合料本身的低温抗裂性能,车辆荷载作用的影响几乎可以忽略不计。

(4)在车辆荷载与低温综合作用下,AC-13 上面层表面的拉应力最大,分别是 AC-20 下面层、基层、底基层的 2.3 倍、10.7 倍、14.2 倍左右,说明低温季节沥青面层的开裂主要是沥青表面层低温收缩开裂。

(5)接触模型中基层内的最大拉应力,基准状况下的值界于高温状况与低温状况之间,并且高温状况下与低温状况下相差很小,为 0.046~0.075MPa;另外,接触模型中底基层内三种状况下的最大拉应力在 $\mu > 0.4$ 时相差不到 1%,即使 $\mu = 0$ 时相差也仅有 8%。因此,温度对基层与底基层的受力影响几乎可以忽略不计。

3)沥青面层内的最大剪应力

剪应力是沥青面层产生剪切变形(如推移、拥包等)及车辙的重要因素,剪应力越大,剪切变形及车辙越严重。通过计算,最大剪应力发生在沥青上面层,如图 2-23 所示。计算结果表明:

(1)在基准状况与低温状况下,连续模型与接触模型($\mu = 1.0$)的最大剪应力计算结果相差很大,而在高温状况下两者相差很小。

(2)随层间接触状态的恶化,基准与低温状况下最大剪应力的变化规律一致,均呈线性缓慢增长,而高温状况下呈非线性快速增长,特别当层间摩擦系数 $\mu < 0.6$ 时增长速度更快。因此,夏季高温季节,沥青的黏度降低,悬浮密实型沥青混合料的抗剪强度显著降低,当层间黏结状态较差时,水平荷载的作用更容易导致沥青表面层出现剪切破坏。

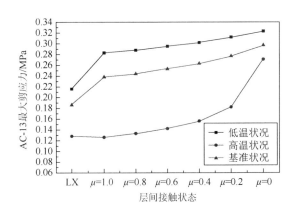

图 2-23 沥青面层内的最大剪应力

（3）基准状况下的最大剪应力介于高温状况与低温状况之间，与低温状况相差 8.74%～18.92%，与高温状况相差 8.76%～47.08%（差值的波动是由于层间状态的不同）。因此，温度对最大剪应力的影响必须加以考虑。另外，从数值上看，高温状况下的最大剪应力只有低温状况下的 44.5%～83.9%，但低温条件下沥青混合料的抗剪强度比高温条件下大得多，因此沥青混合料的剪切破坏常在夏季高温季节出现。

4）土基顶面的最大压应变

土基顶面的竖向压应变也是路面设计的重要指标。铺设路面结构层的主要作用是扩散车轮荷载，以减小传给路基的应力，因为过大的应力会使路基出现剪切破坏或过大的塑性变形，从而促使路面结构破坏。土基允许的最大压应力取决于土基的强度或模量。将应力和强度综合起来考虑，可将最大压应变作为设计的极限。土基顶面的最大压应变计算结果如图 2-24 所示。计算结果表明：

（1）无论是基准状况、高温状况还是低温状况，连续模型与接触模型的计算结果相差很大，前者只有后者的 40%～50%。其原因主要是连续模型将路面视为一个整体参与受力，增大了路面扩散荷载的能力，因此传到土基顶面的应力更小，而接触模型依靠层间接触传递应力，减弱了路面扩散荷载的能力，因此传到土基顶面的应力更大。

（2）无论是基准状况、高温状况还是低温状况，随层间黏结状态的恶化，最大压应变呈线性缓慢增大，$\mu = 0$ 时的值是 $\mu = 1.0$ 时的 1.05 倍，并且高温状况比低温状况的增大率从 1.2%变到 1.8%，说明当视路面结构为层状接触体系时，层间黏结状态对土基顶面最大压应变的影响不明显。

（3）从数值上看，在三种状况下接触模型中相同层间状态对应的土基顶面最

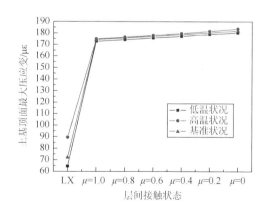

图 2-24　土基顶面的最大压应变

大压应变近乎相等，说明外界环境温度变化对路基受力无影响，土基顶面压应变的大小仅取决于路表车辆荷载的大小与路面结构组成。

2.4　基于层间接触状态的铺面结构动力学行为

2.4.1　路面结构与参数

沥青路面结构由上面层、中面层、下面层、基层和底基层组成，结构形式如表 2-8 所示。

表 2-8　沥青路面结构形式

结构层	沥青路面结构形式	
	结构 S1	结构 S2
上面层	SMA-13 SBS 改性沥青混合料 4cm	
中面层	AC-20 普通沥青混合料 6cm	
下面层	AC-25 普通沥青混合料 8cm	
基层	掺 5%水泥稳定碎石 20cm	级配碎石 20cm
底基层	掺 5%水泥稳定碎石 30cm	

1. 材料参数

沥青面层材料参数采用动态模量试验获取，基于试验结果中的复数模量和相位角，采用 Schapery 和 Park 提出的近似方法来获取时间域的松弛模量 $E(t)$。采用剪切模量的 PRONY 级数形式和 Williams-Landel-Ferry（WLF）方程实现沥青面层材料的时间依赖性和温度依赖性。基层、底基层及路基采用典型值。各结构层材料参数如表 2-9～表 2-11 所示，线膨胀系数如表 2-12 所示。

表 2-9　沥青面层材料 WLF 方程参数（参考温度 20℃）

材料	C_1	C_2
SMA-13	10.44	126.62
AC-20	11.85	121.67
AC-25	17.73	169.33

表 2-10　沥青面层材料 PRONY 级数（参考温度 20℃）

延迟时间/s	SMA-13	AC-20	AC-25
0.001	0.26205	0.30098	0.34506
0.01	0.23561	0.20657	0.17369
0.1	0.22033	0.22248	0.22491
1	0.20457	0.1939	0.18183
10	0.03459	0.03515	0.03577
100	0.0288	0.02722	0.02543

表 2-11　结构材料参数

材料	层位	瞬态模量/MPa	泊松比	密度/(kg/m³)
SMA-13	上面层	11715	0.35	2400
AC-20	中面层	14254	0.35	2400
AC-25	下面层	13105	0.35	2400
水泥稳定碎石	基层	13000	0.2	2200
级配碎石	基层	400	0.35	2000
水泥稳定碎石	底基层	8000	0.2	2100
路基	路基	100	0.35	1800

表 2-12　沥青层材料线膨胀系数　　　　　　（单位：10^{-5}/℃）

材料	温度									
	−26℃	−20℃	−10℃	0℃	10℃	15℃	20℃	25℃	30℃	40℃
AC-13	2.0	2.5	3.5	4.0	3.3	3.0	2.7	2.4	2.1	1.8
AC-20	1.3	1.6	2.1	2.6	2.4	2.1	1.8	1.5	1.2	1.0
AC-25	1.2	1.5	1.8	2.2	2	1.8	1.6	1.4	1.2	1.0
AC-5	1.2	1.5	2.0	2.5	2.4	2.3	2.1	1.9	1.7	1.5
ATB-30	1.0	1.2	1.4	1.6	1.5	1.4	1.3	1.2	1.1	1.0

分析时考虑路面结构阻尼对动力响应的影响，将路面结构阻尼比 ξ_1、ξ_2 设为 0.05，即式（2-39）中 $\xi = \xi_1 = \xi_2 = 0.05$。根据路面结构模态分析，得到第 1 阶和第 2 阶自振频率 ω_1 和 ω_2，再根据式（2-39）计算出相应的 Rayleigh 阻尼比例系数 $\alpha = 3.776$、$\beta = 6.56 \times 10^{-4}$。

$$\begin{cases} \alpha = \dfrac{2\omega_1\omega_2\xi}{\omega_1 + \omega_2} \\ \beta = \dfrac{2\xi}{\omega_1 + \omega_2} \end{cases} \quad (2\text{-}39)$$

2. 路面结构实际温度场分布

考虑在太阳辐射、路面有效辐射、气温及对流热交换影响作用下，模拟周期性变温条件下路面结构温度场。结合某地区 7 月、12 月实测气温值，确定计算模型气象参数：夏季 7 月日太阳辐射总量取 24.5MJ/m^2，日照时间取 7.6h，日平均风速取 1m/s；冬季 12 月日太阳辐射总量取 11MJ/m^2，日照时间取 6.6h，日平均风速取 2m/s。

针对典型的半刚性基层沥青路面结构 S1 和柔性基层沥青路面结构 S2，以与外界直接接触的上面层顶面温度最值为依据，选取夏冬两季一天内各具有代表性的高低温两个时段（$t=14h$ 和 6h）的温度场作为路面结构动力响应分析的典型温度场。沥青路面结构温度沿厚度方向的分布情况如图 2-25 所示。夏冬两季一天内的高温（$t=14h$）、低温（$t=6h$）两个时段的路面各结构层顶面温度状况如表 2-13 所示。

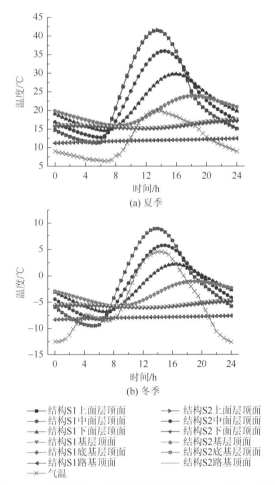

图 2-25 沥青路面结构温度沿路面厚度方向的分布情况

表 2-13 沥青路面各结构层顶面温度状况

时段	温度/℃						大气气温 /℃
	上面层	中面层	下面层	基层	底基层	路基	
夏季高温时段 $t = 14\text{h}$	41.204/ 41.239	35.827/ 35.847	28.294/ 28.336	20.701/ 20.809	15.218/ 15.441	11.939/ 12.09	19.8
夏季低温时段 $t = 6\text{h}$	11.385/ 11.295	12.697/ 12.699	14.668/ 14.668	16.471/ 16.458	15.578/ 15.839	11.585/ 11.752	6.53
冬季高温时段 $t = 14\text{h}$	8.955/ 8.961	5.519/ 5.528	1.014/ 1.035	−3.249/ −3.191	−6.047/ −5.93401	−7.884/ −7.796	4.55
冬季低温时段 $t = 6\text{h}$	−9.323/ −9.322	−8.257/ −8.256	−6.699/ −6.700	−5.256/ −5.269	−5.726/ −5.563	−8.097/ −8.001	−8.28

注：表中温度一栏"数据 1/数据 2"表示对应的结构 S1、结构 S2 的温度。

2.4.2 温度与冲击荷载耦合作用的路面动力学行为

1. 冲击荷载参数

以固定位置的冲击荷载作为路面简化荷载场，模拟分析行车荷载效应下沥青路面结构的动力响应问题。荷载形式采用单轴双轮组垂直均布荷载，轴重依次取 60kN、100kN、140kN、180kN、220kN 和 260kN。轮压与接地面积随轴重的增加逐渐增大，假定双轮中心的间距保持不变，根据赫克罗姆和克罗朴提出的轴载与接地压力的关系式（2-40），将不同超载率下的轴载换算为接地压力，并由式（2-41）确定轮胎接地形状的平面尺寸。

$$\frac{p_{\text{i}}}{p_{\text{s}}} = \left(\frac{P_{\text{i}}}{P_{\text{s}}}\right)^{1/3} \tag{2-40}$$

$$\begin{cases} A = \dfrac{P_{\text{i}}}{p_{\text{i}}} = 0.5227L^2 \\ L_{\text{a}} = 0.8712L, \quad L_{\text{b}} = 0.6L \end{cases} \tag{2-41}$$

式中，P_{i} 为换算轴载；P_{s} 为标准轴载；p_{i} 为换算轴载的接地压力；p_{s} 为标准轴载的接地压力；A 为轮印面积；L_{a} 为单轮长度；L_{b} 为单轮宽度。

荷载集度变化参考 Huang[61] 在 KENLAYER 程序中的简易方法，荷载强度随时间呈半正弦函数变化，具体荷载模型为

$$P(t) = P_{\max} \sin^2\left(\frac{\pi}{T}t\right) \tag{2-42}$$

式中，$P_{\max}$ 为荷载强度峰值；T 为动荷载作用周期，按式（2-43）计算：

$$T = \frac{12R}{v} \tag{2-43}$$

式中，v 为车辆行驶速度；R 为轮胎与地面的接地当量圆半径。

不同轴重对应的荷载参数如表 2-14 所示。

表 2-14　不同轴重对应的荷载参数

荷载参数	轴重 P_i					
	60kN	100kN	140kN	180kN	220kN	260kN
接地压力 p_i/kPa	590	700	783	852	910	963
单轮长度 L_a/cm	19.2	22.8	25.5	27.7	29.6	31.3
单轮宽度 L_b/cm	13.2	15.7	17.6	19.1	20.4	21.6
当量圆半径 R/cm	8.98	10.65	11.95	12.98	13.86	14.67

在减速和加速路段，可按式（2-44）计算：

$$a = \varphi g \tag{2-44}$$

式中，a 为车辆的加速度；φ 为水平荷载与竖向荷载比值系数，缓慢牵引制动取 0.2，紧急牵引制动取 0.5；g 为重力加速度。

2. 冲击荷载作用下的动力响应分析

车辆荷载是影响沥青路面力学特性的重要因素，在不同荷载参数作用下，路面结构的力学响应量会发生变化，进而导致不同类型路面病害的发展。基于前面所建立的沥青路面三维有限元分析模型，详细分析不同轴重、车速下沥青路面动力响应指标的变化规律，并考虑竖向荷载与水平荷载的综合作用，分析水平荷载效应对路面力学响应的影响。计算点位分别选取轮隙中心与轮印中心，具体位置如图 2-26 所示，其中 A 点的路表竖向位移、E 点的路基顶面压应变方向均与竖向荷载方向（z 轴方向）一致。后续计算将基于统一计算点位开展车辆荷载参数及路面结构组合参数对沥青路面动力特性的影响规律分析。

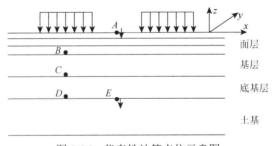

图 2-26　代表性计算点位示意图

为分析层间接触状态对路面动力响应的影响，以典型的半刚性基层沥青路面结构 S1 和柔性基层沥青路面结构 S2 为例。路面层间接触状态考虑完全连续状态和不完全连续状态两种，当为完全连续状态时，相互接触关系设置为绑定连接（tie）；当为不完全连续状态时，路基与底基层为完全连续状态，而其余各层的黏结情况通过摩擦系数 μ 来考虑，一般黏结状态 μ 取 1，完全光滑状态 μ 取 0。计算中轴重取 100kN，车辆行驶速度取 100km/h，计算结果如图 2-27～图 2-31 所示。

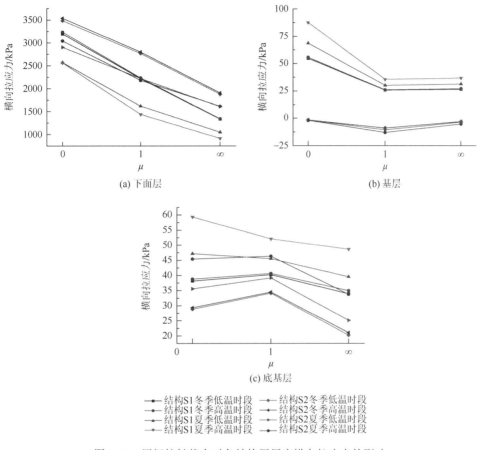

图 2-27　层间接触状态对各结构层层底横向拉应力的影响

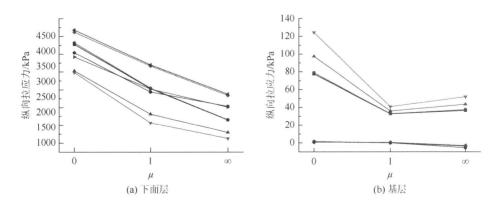

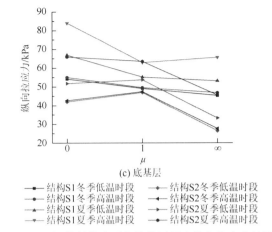

图 2-28　层间接触状态对各结构层层底纵向拉应力的影响

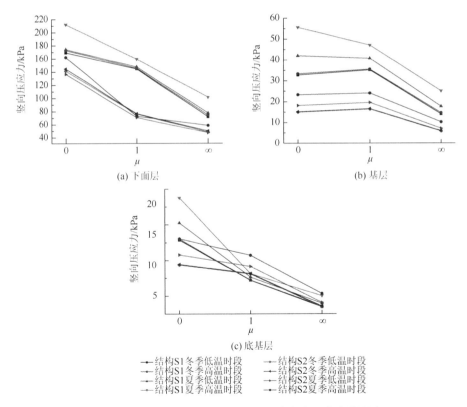

图 2-29　层间接触状态对各结构层层底竖向压应力的影响

由图 2-27～图 2-31 可以看出：

（1）随着层间接触状态的改善，结构 S1 和结构 S2 各结构层层底三向应力、路基顶面竖向压应变和路表竖向位移响应峰值呈相似减小关系，变化速率与结构层和温度状况相关。

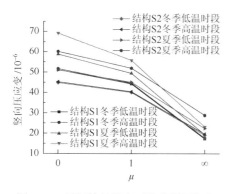

图 2-30　层间接触状态对路基顶面竖向压应变的影响

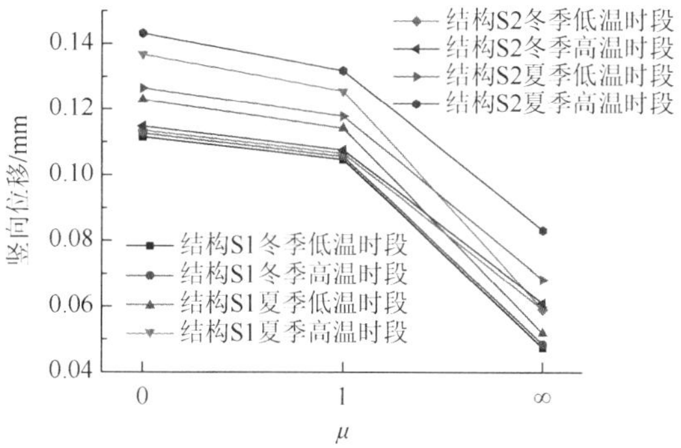

图 2-31　层间接触状态对路表竖向位移的影响

（2）在相同层间接触状态作用下，下面层层底最大横向拉应力和纵向拉应力在高温时段的响应峰值小于低温时段，且夏季响应峰值小于冬季；下面层层底最大竖向压应力在高温时段的响应峰值大于低温时段，且夏季响应峰值大于冬季；冬季温度时段的改变对结构三向应力的影响不显著，夏季温度时段的改变对结构 S1 三向应力的影响显著，而对结构 S2 三向应力的影响不显著。在相同层间接触状态和温度状况作用下，结构 S1 下面层所受横向拉应力和纵向拉应力均小于结构 S2，所受竖向压应力大于结构 S2。

（3）在相同层间接触状态作用下，结构 S1 与结构 S2 基层层底最大横向拉应力和纵向拉应力在高温时段的响应峰值大于低温时段，且夏季响应峰值大于冬季；基层层底最大竖向压应力在高温时段的响应峰值大于低温时段，且夏季响应峰值大于冬季；冬季温度时段的改变对结构三向应力的影响不显著，夏季温度时段的改变对其影响显著。在相同层间接触状态和温度状况作用下，结构 S1 基层受横向和纵向拉应力作用，而结构 S2 基层受横向和纵向压应力作用，结构 S1 基层竖向压应力大于结构 S2。

（4）在相同层间接触状态作用下，底基层层底最大横向和纵向拉应力、竖向压应力在高温时段的响应峰值大于低温时段，且夏季响应峰值大于冬季；冬季温度时段的改变对结构三向应力的影响不显著，夏季温度时段的改变对其影响显著。在相同层间接触状态和温度状况作用下，结构 S1 底基层所受三向应力均大于结构 S2。

（5）在荷载作用时程内，接触模型的路基顶面竖向压应变明显大于连续模型。因此，基于连续模型设计得到的沥青路面结构在采用接触模型进行计算分析时不一定能满足设计要求，使得沥青路面结构在实际工程中出现车辙或沉陷等病害的可能性增大。对比轮隙中心的竖向位移峰值可知，完全光滑接触模型的竖向位移是连续模型的 2.4 倍（结构 S1）和 1.9 倍（结构 S2），一般接触模型的竖向位移是连续模型的 2.2 倍（结构 S1）和 1.7 倍（结构 S2），表明连续模型的整体刚度要大于接触模型，且随着层间接触状态的改善，整体刚度有所提高；在相同层间接触状态下，路基顶面竖向压应变和路表竖向位移在高温时段的响应峰值大于低温时段，且夏季响应峰值大于冬季；冬季温度时段的改变对结构路基顶面竖向压应变和路表竖向位移响应的影响不显著，夏季温度时段的改变对其影响显著。在相同层间接触状态和温度状况作用下，结构 S1 路基顶面竖向压应变大于结构 S2，而路表竖向位移小于结构 S2。

综上所述，在相同冲击荷载、车速、温度场条件下，连续模型的动力响应量明显小于接触模型。基于连续模型进行沥青路面结构计算、分析和设计时，各结构层厚度设计值偏小，而沥青路面结构具有层间接触特性，在实际工程中，沥青路面结构的动力响应会大于计算值，从而降低各设计控制指标的约束效力，导致路面结构出现早期病害的可能性增大。因此，采用接触模型有助于获得路面结构内部的真实应力规律，更加符合路面结构的工作状态。温度状况的改变对接触模型和连续模型产生的影响一致，因此层间接触状态并不改变温度状况对沥青路面结构各动态响应指标的影响规律。

2.4.3　温度与移动荷载耦合作用的路面动力学行为

1. 计算模型

路面结构采用表 2-8 所示的结构形式，建立其三维有限元模型。平面尺寸为 10m×10m，取 1/2 模型进行计算分析，加载区域分布尺寸如图 2-32 所示。进行动力分析时，各结构层横向施加水平约束，纵向和竖向施加弹簧-阻尼器以模拟无反射黏弹性边界条件，基层、底基层及路基结构阻尼比取 0.05。其中，横向表示 x 方向，即垂直于行车方向；纵向表示 y 方向，即行车方向；竖向表示 z 方向，即路面厚度方向，有限元计算模型如图 2-33 所示。

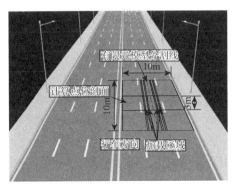
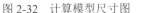
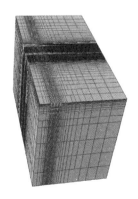

图 2-32　计算模型尺寸图　　　　　图 2-33　沥青路面结构有限元计算模型

2. 移动荷载作用下的动力响应分析

以典型的半刚性基层沥青路面结构 S1 和柔性基层沥青路面结构 S2 为例，建立有限元计算模型，对连续模型和接触模型进行对比分析。路面层间接触状态考虑完全连续状态和不完全连续状态两种，当为完全连续状态时，相互接触关系设置为绑定连接（tie）；当为不完全连续状态时，路基与底基层为完全连续状态，而其余各层的黏结情况通过摩擦系数 μ 来考虑，一般黏结状态 μ 取 1，完全光滑状态 μ 取 0。计算中轴重取 100kN，车辆行驶速度取 100km/h，以夏季高温时段时程曲线为例，计算结果如图 2-34～图 2-36 所示，其余时段响应峰值见表 2-15～表 2-18。

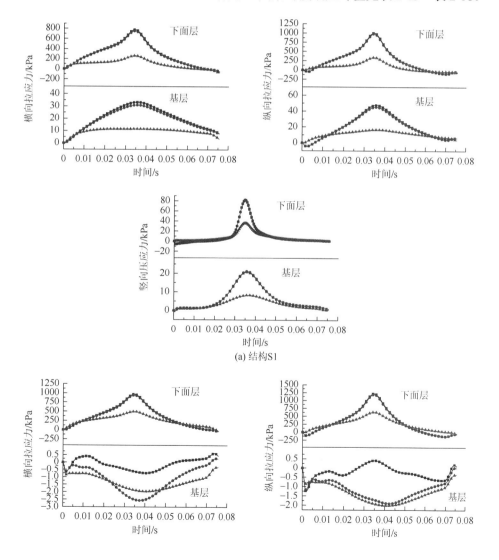

(a) 结构S1

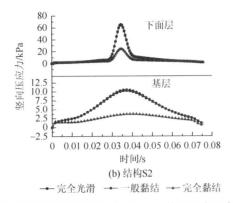

(b) 结构S2

　　　　　━■━ 完全光滑　━●━ 一般黏结　━▲━ 完全黏结

图 2-34　夏季高温时段层间接触状态对各结构层层底三向应力的影响

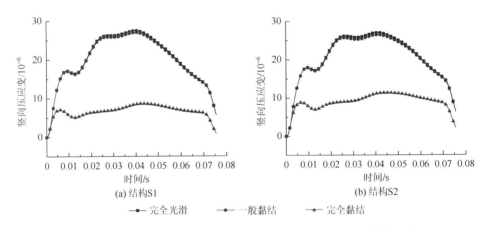

(a) 结构S1　　　　　　　　　　　　(b) 结构S2

━■━ 完全光滑　━●━ 一般黏结　━▲━ 完全黏结

图 2-35　夏季高温时段层间接触状态对路基顶面竖向压应变的影响

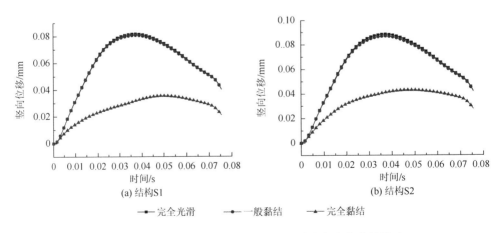

(a) 结构S1　　　　　　　　　　　　(b) 结构S2

━■━ 完全光滑　━●━ 一般黏结　━▲━ 完全黏结

图 2-36　夏季高温时段层间接触状态对路表竖向位移的影响

表 2-15　不同层间状态下结构 S1 各指标动态响应极大值

温度时段	层间状况	结构层指标							
		下面层			基层			路基	下面层
		横向拉应力/kPa	纵向拉应力/kPa	竖向压应力/kPa	横向拉应力/kPa	纵向拉应力/kPa	竖向压应力/kPa	竖向压应变/με	竖向位移/10⁻²mm
冬季低温	0	1087.63	1388.10	73.63	20.79	30.97	12.82	19.85	6.80
	1	1070.33	1369.75	73.89	19.75	29.82	13.03	19.66	6.74
	∞	427.90	546.21	29.84	8.04	11.22	4.76	6.57	3.16
冬季高温	0	1095.80	1395.85	74.13	21.27	31.49	13.00	20.10	6.87
	1	1077.71	1376.76	74.41	20.19	30.29	13.22	19.89	6.81
	∞	425.72	541.99	30.41	8.25	11.75	4.99	6.84	3.23
夏季低温	0	834.61	1079.99	72.46	26.74	38.63	16.11	23.79	7.56
	1	815.44	1059.30	73.16	25.13	36.88	16.38	23.47	7.48
	∞	317.23	410.13	30.36	9.73	13.85	5.97	7.38	3.33
夏季高温	0	777.95	1004.81	82.03	33.31	47.72	20.95	27.45	8.17
	1	753.90	980.34	82.45	30.94	45.17	21.24	26.98	8.07
	∞	260.77	339.05	36.55	11.57	16.50	8.32	8.62	3.55

表 2-16　不同层间状态下结构 S1 各指标动态响应极小值

温度时段	层间状况	结构层指标							
		下面层			基层			路基	下面层
		横向拉应力/kPa	纵向拉应力/kPa	竖向压应力/kPa	横向拉应力/kPa	纵向拉应力/kPa	竖向压应力/kPa	竖向压应变/με	竖向位移/10⁻²mm
冬季低温	0	0	-86.06	-584.01	0	-3.72	-0.90	0	0
	1	0	-85.26	-584.01	0	-3.69	-0.90	0	0
	∞	0	-20.62	-0.11	0	-0.46	-0.15	-0.33	0
冬季高温	0	0	-86.18	-583.91	0	-3.73	-0.90	0	0
	1	0	-85.38	-583.91	0	-3.69	-0.90	0	0
	∞	0	-20.65	0	0	-0.46	0	-0.05	0
夏季低温	0	-6.49	-76.52	-550.58	0	-3.91	-0.90	0	0
	1	-5.51	-75.77	-550.58	0	-3.87	-0.90	0	0
	∞	-34.52	-33.99	0	0	-0.47	0	0	0
夏季高温	0	-49.58	-98.18	-478.95	0	-4.64	-0.92	0	0
	1	-47.90	-96.92	-478.95	0	-4.60	-0.92	0	0
	∞	-69.70	-71.61	0	0	-0.50	0	0	0

表 2-17   不同层间状态下结构 S2 各指标动态响应极大值

温度时段	层间状况	结构层指标							
		下面层			基层			路基	下面层
		横向拉应力/kPa	纵向拉应力/kPa	竖向压应力/kPa	横向拉应力/kPa	纵向拉应力/kPa	竖向压应力/kPa	竖向压应变/με	竖向位移/10⁻²mm
冬季低温	0	1215.63	1548.74	62.32	−0.71	−1.21	5.98	19.38	7.10
	1	1197.77	1527.61	62.41	−1.52	−1.17	6.13	19.22	7.03
	∞	603.54	779.22	22.01	−0.97	−0.97	1.90	7.39	3.45
冬季高温	0	1228.47	1560.65	62.75	−0.71	−1.21	6.11	19.62	7.19
	1	1209.70	1538.59	62.84	−1.56	−1.17	6.27	19.45	7.11
	∞	615.93	791.16	22.35	−1.05	−1.06	2.04	7.78	3.56
夏季低温	0	977.23	1252.88	59.23	−0.70	−1.22	7.85	23.01	8.02
	1	957.33	1229.09	59.45	−2.00	−1.38	8.06	22.66	7.91
	∞	503.40	650.40	20.97	−1.30	−1.31	2.52	8.85	3.80
夏季高温	0	969.43	1230.94	65.24	−0.73	−1.26	10.27	26.98	8.84
	1	943.34	1200.74	65.42	−2.57	−1.90	10.54	26.42	8.69
	∞	497.50	639.23	24.13	−1.97	−2.00	3.72	11.28	4.32

表 2-18   不同层间状态下结构 S2 各指标动态响应极小值

温度时段	层间状况	结构层指标							
		下面层			基层			路基	下面层
		横向拉应力/kPa	纵向拉应力/kPa	竖向压应力/kPa	横向拉应力/kPa	纵向拉应力/kPa	竖向压应力/kPa	竖向压应变/με	竖向位移/10⁻²mm
冬季低温	0	−4.51	−126.86	−0.53	0.40	0.39	−0.07	0	0
	1	−4.51	−126.09	−0.53	0.16	0.21	−0.07	0	0
	∞	0	−22.97	−0.24	0.15	0.16	−0.24	−0.58	0
冬季高温	0	−4.51	−126.95	−0.53	0.40	0.39	0	0	0
	1	−4.51	−126.19	−0.53	0.15	0.21	0	0	0
	∞	0	−22.99	0	0.08	0.08	−0.10	−0.12	0
夏季低温	0	−4.37	−117.17	−0.48	0.50	0.36	0	0	0
	1	−4.37	−116.43	−0.48	0.20	0.14	0	0	0
	∞	0	−22.39	0	0	0	0	0	0
夏季高温	0	−39.98	−127.08	−0.38	0.63	0.42	0	0	0
	1	−38.73	−124.46	−0.38	0.28	0.03	0	0	0
	∞	−21.08	−38.30	0	0	0	0	0	0

由图 2-34～图 2-36 及表 2-15～表 2-18 可知：

（1）随着层间接触状态的改善，结构 S1 和结构 S2 各结构层层底三向应力、路基顶面竖向压应变和路表竖向位移响应极大值基本上呈相似的急剧减小关系，极小值分布情况与层间状况、温度状态及结构类型有关。随着荷载的移动，结构下面层和基层的三向应力、路基顶面竖向压应变、路表竖向位移均随着荷载的靠近逐渐趋向极大值，当荷载到达计算点位附近时达到极大值，接着随着荷载的远离逐渐趋向极小值。随着层间状态和温度状况的变化，某些指标的极小值在达到 0 后继续减小，开始反向受力。各指标受力状况的反向变化情况如表 2-16 和表 2-18 所示。

对于下面层：①结构 S1 横向拉应力指标仅夏季反向受力，其极小值随着层间接触状态的改善而减小，且高温时段大于低温时段，结构 S2 横向拉应力指标连续模型仅夏季高温时段存在反向受力，而接触模型在不同温度时段均存在反向受力，且高温时段大于低温时段；②结构 S1 和 S2 纵向拉应力指标均存在反向受力，且其极小值随着层间接触状态的改善而减小，其极小值高温时段大于低温时段，夏季大于冬季；③竖向压应力指标接触模型在不同温度时段均存在反向受力，其极小值高温时段小于低温时段，夏季小于冬季，而连续模型仅冬季低温时段存在反向受力。

对于基层：①结构 S1 横向拉应力极小值为 0，结构 S2 横向拉应力极小值仅连续模型在夏季时为 0，而横向拉应力极大值在不同温度时段均存在反向受力，且高温时段大于低温时段，夏季大于冬季；②结构 S1 和 S2 纵向拉应力指标均存在反向受力（如结构 S1 的极小值和结构 S2 的极大值），结构 S1 纵向拉应力极小值高温时段大于低温时段，夏季大于冬季，另外，结构 S1 和 S2 的纵向拉应力为正值时，其值在相应温度时段表现为随层间接触状态的改善而减小；③结构 S1 的竖向压应力指标存在反向受力，其极小值高温时段小于低温时段，夏季小于冬季，而结构 S2 仅冬季低温时段存在反向受力，冬季高温时段仅连续模型存在反向受力。

对于路基：接触模型不存在反向受力的现象。

（2）在相同层间接触状态作用下，下面层层底横向和纵向拉应力极大值在冬季不同温度时段的变化很小，而夏季高温时段小于低温时段，且夏季小于冬季；横向存在反向受力时，其拉应力极小值高温时段大于低温时段，且夏季大于冬季；纵向拉应力极小值高温时段大于低温时段，夏季大于冬季；竖向压应力极大值在不同温度时段的变化很小。在相同层间状态和温度状况作用下，结构 S1 下面层所受横向和纵向拉应力极大值均小于结构 S2，所受竖向压应力极大值均大于结构 S2。

（3）在相同层间接触状态作用下，基层层底横向和纵向拉应力极大值高温时段大于低温时段，且夏季大于冬季；结构 S1 横向不存在反向受力，而纵向极小值受温度时段的变化影响较小；结构 S2 横向、纵向连续模型仅在冬季存在反向受力，且高温时段小于低温时段，接触模型极小值高温时段的响应大于低温时段，且夏季响应大于冬季；竖向压应力极大值高温时段的响应大于低温时段，且夏季响应大于冬季；结构 S1 竖向连续模型仅在冬季低温时段存在反向受力，接触模型极小值高温时段的响应大于低温时段，且夏季响应大于冬季，而结构 S2 在冬季低温时段存在反向受力。在相同层间状态和温度状况作用下，结构 S1 基层主要受横向和纵向的拉应力作用，而结构 S2 基层主要受横向和纵向的压应力作用，结构 S1 基层所受竖向压应力极大值大于结构 S2。

（4）在荷载作用时程内，接触模型的路基顶面压应变、竖向位移极大值明显大于连续模型，表明连续模型整体刚度要大于接触模型，且随着层间接触状态的改善，整体刚度有所提高；在相同层间接触状态下，路基顶面竖向压应变和路表竖向位移响应极大值在高温时段大于低温时段，且夏季大于冬季；冬季温度时段的改变对结构路基顶面竖向压应变和路表竖向位移响应极大值影响不显著，夏季温度时段的改变对其影响显著；路基顶面竖向压应变响应极小值仅接触模型存在。在相同层间状态和温度状况作用下，结构 S1 路表竖向位移响应极大值小于结构 S2。

综上可知，在相同移动荷载、车速、温度场条件下，连续模型的动力响应量明显小于接触模型。沥青路面结构具有层间接触特性，采用接触模型有助于获得路面结构内部的真实应力规律，更加符合路面结构的工作状态。温度状况的改变对接触模型与连续模型产生的影响一致，因此层间接触状态并不改变温度状况对沥青路面结构各动态响应指标的影响规律。

第3章 基于法–切向效应的层间作用行为

目前有关沥青铺面层间接触模型对层间接触状态的描述仅采用单一参数（如摩擦系数 μ 或水平剪切模量 K_s）、考虑单一方向（如切向），而实际上，在车辆荷载作用下的层间接触行为十分复杂，既有法向黏滞行为，又有切向剪切行为，忽略任何一种作用行为均会导致路面力学响应结果产生较大偏差。因此，应综合考虑在荷载作用下的层间法–切向效应，才能更科学地描述沥青铺面层间接触行为。

3.1 层间界面黏结测试主要方法

在道路实际工作条件下，路面层间界面通常有以下几种荷载作用模式：纯剪切模式（类型 1）、纯拉伸模式（类型 2）、压剪模式（类型 3）和拉剪模式（类型 4），如图 3-1 所示。

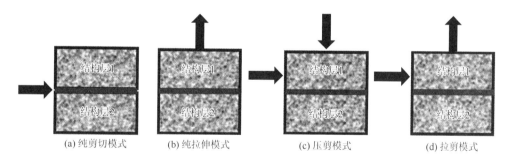

| | (a) 纯剪切模式 | (b) 纯拉伸模式 | (c) 压剪模式 | (d) 拉剪模式 |

图 3-1 路面层间界面处的不同荷载作用模式

纯剪切模式或压剪模式由交通或温度荷载引起的剪切应力产生，通常发生在道路纵向或路宽横向方向上，并且通常发生在没有接缝的路面层间界面处；纯拉伸模式一般发生在含接缝的水泥路面与沥青路面加铺层界面处；拉剪模式可能会发生在层间剪切强度相对较低的路表层以下的界面处，但是这种情况很少在实际路面结构中被发现[62, 63]。

根据层间界面荷载作用模式的不同，对应的测试方法也不同，目前的层间界面黏结测试方法可以分成如图 3-2 所示的三大类型。选择哪种类型的测试方法取决于问题的实际情形、荷载作用模式及所选定测试方法的准确性和可重复性[64]。

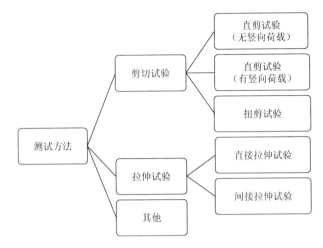

图 3-2　层间界面黏结的测试方法分类

1）剪切试验

（1）直剪试验。

直剪试验由于操作平稳、简便，是调查层间界面最常用的测试方法。直剪试验装置起源于土力学的剪切试验，随着时间的推移，不同国家和实验室开发和制造了自己的试验装置。其中，最常用的直剪试验装置是德国的 Leutner 试验装置[65]。此后，为了能够实现自己设定的研究目标，许多研究人员对 Leutner 试验装置进行了改进，发明了 FDOT、LCB、LPDS 以及诺丁汉大学改进型 Leutner 等直剪试验装置[66-69]。

（2）扭剪试验。

扭剪试验最初由瑞典开发，后来被英国董事委员会采纳，并作为薄罩面层间性能的一种测试方法[70]。该测试方法被用于在现场或实验室通过测量已知温度下的剪切扭矩峰值，来确定薄罩面层与下层之间的黏结强度，这种方法通常仅适用于现场，并由于手动操作而导致转矩率不准确。

2）拉伸试验

拉伸试验是用于评估现场或实验室中两个沥青层黏结面间拉伸黏附力的试验方法，主要包括直接拉伸试验和间接拉伸试验。直接拉伸试验由于在现场易操作，是最常用的拉伸试验方法，但该方法仅能测量界面黏结剂的拉伸强度，不能表征材料在延性或脆性方面的黏结分离特性。为了解决这一问题，Tschegg 等[71]发明了一种新的间接拉伸试验方法，即楔形劈裂试验，该方法中细长的楔形物被推入双层样品的界面中，在施加竖向力的同时由于所施加的力的水平分量而使层间分离。

3）其他测试方法

其他测试方法主要包括三点剪切试验和四点剪切试验。为了简化两层之间的黏结性能测量过程，Recasens 等[68]开发了 LCB（Laboratorio de Caminos de Barcelona）

剪切试验，该试验是一种三点剪切试验，能够测量两个相邻层界面处的剪切强度，创新之处在于所测试界面处的弯矩几乎可以忽略不计。荷兰代尔夫特理工大学的 de Bondt[72]为研究沥青罩面层的抗反射裂缝措施，开发了一种四点剪切试验方法，该方法使用简单的梁形试件，消除了界面处的弯矩，能够有效利用加载系统容量施加所需剪切力，但该方法的测试装置复杂，仅适用于室内研究。

　　层间界面黏结特性的不同测试方法示意图如图 3-3 所示，图 3-3 也简单示意了层间界面黏结测试装置的测试原理。

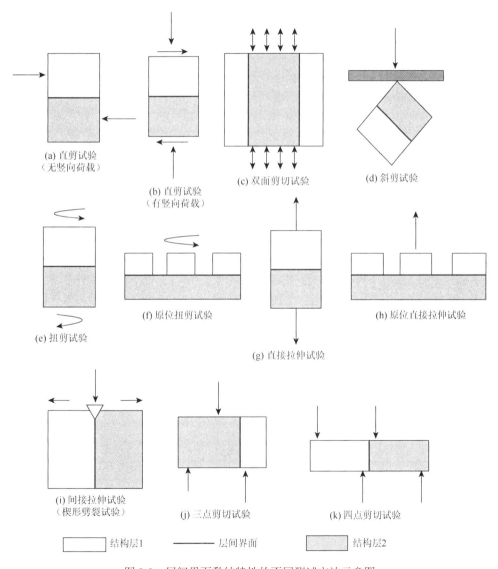

图 3-3　层间界面黏结特性的不同测试方法示意图

3.2　基于法-切向效应的层间特性试验

沥青铺面层间特性受路面结构、温度、外荷载类型等各种条件影响，其层间接触状态的正确评估非常重要，也引起了人们极大的兴趣。然而，上述测试方法缺乏相关性，并且没有形成统一的认识。目前为止，国际上公认的测试方法依旧尚未形成。事实上，层间特性测试方法随测试设备、荷载条件、试件的几何形状及试验温度等条件的改变而改变。

3.2.1　受竖向荷载作用的直剪试验

1. 施加竖向压力的直剪试验

1）试验方法

施加竖向压力的直剪试验如图 3-4 所示。

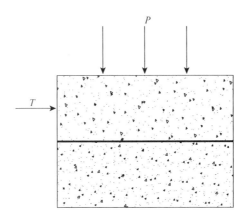

图 3-4　施加竖向压力的直剪试验

剪切面的压应力 σ 和剪应力 τ 计算公式为

$$\begin{cases} \sigma = \dfrac{P}{S} \\ \tau = \dfrac{T}{S} \end{cases} \tag{3-1}$$

式中，S 为试件剪切截面积。

2）试验装置

施加竖向压力的直剪试验装置如图 3-5 所示。

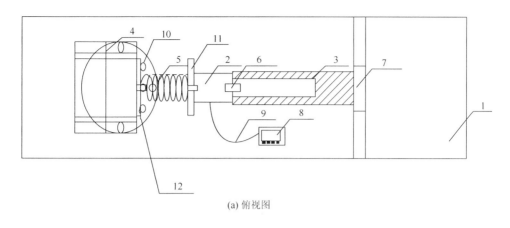

(a) 俯视图

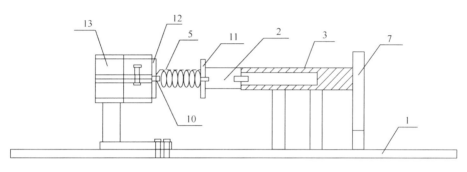

(b) 主视图

图 3-5　施加竖向压力的直剪试验装置

1-底板；2-拉压传感器；3-液压式千斤顶；4-马歇尔试件模具；5-弹簧；6-螺栓；7-挡板；8-二次显示仪表；
9-数据传输线；10-销钉；11-圆形顶板 1；12-圆形顶板 2；13-圆形挡板

　　施加竖向压力的直剪试验原理如下：根据图 3-5，将试验装置中各个组成部件安装完毕；再根据测试需要，选择合适的竖向压力，通过液压式千斤顶对马歇尔试件模具施加所选择的竖向压力，液压式千斤顶施加的竖向压力经由挡板、弹簧和圆形顶板传递给试件；最后在施加竖向压力的情况下进行直剪试验，测量试件在竖向压力与切向力综合作用下的层间剪切强度。其施加的竖向压力通过与拉压传感器相连的二次显示仪表读出。

　　3）试验步骤

　　首先将养护好的复合试件放入马歇尔试件模具中固定，将液压式千斤顶、拉压传感器、弹簧依次放入预定位置，通过液压式千斤顶施加竖向压力，借助二次显示仪表读取所施加的压力数值，到预定值位置。通过马歇尔稳定度仪测量试件的层间剪切强度。施加竖向压力的剪切试验过程如图 3-6 所示。

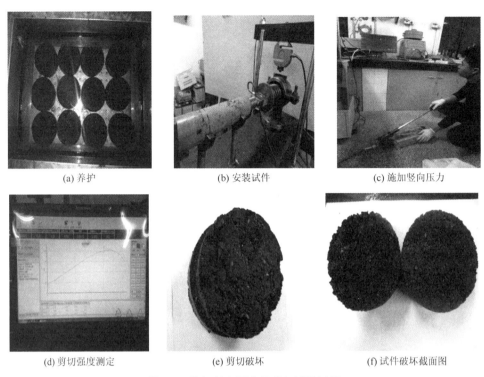

(a) 养护   (b) 安装试件   (c) 施加竖向压力

(d) 剪切强度测定   (e) 剪切破坏   (f) 试件破坏截面图

图 3-6　施加竖向压力的剪切试验过程

2. 施加竖向拉力的直剪试验

1）试验方法

由于路面变形、材料层较薄等原因也会造成层间界面存在竖向受拉情况，有必要进行考虑竖向受拉的路面层间剪切强度的测定。施加竖向拉力的直剪试验如图 3-7 所示。

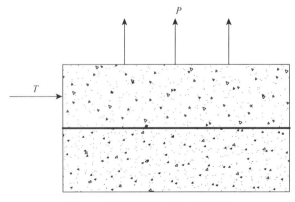

图 3-7　施加竖向拉力的直剪试验

　　剪切面的拉应力 σ 和剪应力 τ 计算公式与竖向压力作用下压应力与剪应力的计算公式（3-1）一致，在此不做赘述。需要说明的是，图 3-7 中施加的是竖向拉力，由此在剪切面上产生的 σ 是拉应力。

　　2）试验装置

　　施加竖向拉力的直剪试验装置如图 3-8 所示。

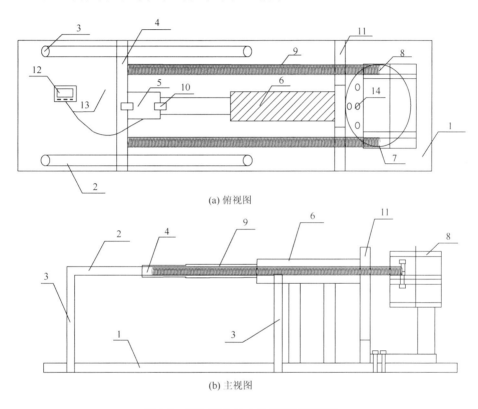

(a) 俯视图

(b) 主视图

图 3-8　施加竖向拉力的直剪试验装置

1-底板；2-定位轴；3-支撑杆；4-横梁；5-拉压传感器；6-液压式千斤顶；7-传力杆；8-马歇尔试件模具；9-弹簧；10-螺栓；11-挡板；12-二次显示仪表；13-数据传输线；14-销钉

　　施加竖向拉力的直剪试验原理如下：将试验装置中各个部件按照图 3-8 组装后，根据测试需要，选择一个适宜的竖向拉力。使用此装置通过液压式千斤顶对马歇尔试件模具施加所选择的竖向拉力，液压式千斤顶施加的竖向拉力通过横梁、弹簧传递给试件，在施加竖向拉力的情况下，通过马歇尔稳定度仪进行直剪试验，测量沥青混合料在竖向拉力与切向力综合作用下的层间剪切强度，其竖向拉力的大小可以根据与拉压传感器相连的二次显示仪表读出。此外，为了保证采集数据的准确性，需要选择合适的拉压传感器。

3）试验步骤

施加竖向拉力的直剪试验过程与施加竖向压力的直剪试验过程类似，都是借助液压式千斤顶通过弹簧向复合试件施加力。试验过程如图 3-9 所示，将液压式千斤顶、拉压传感器、弹簧依次放入预定位置，通过液压式千斤顶顶推横梁，借助弹簧向复合试件施加拉力，借助二次显示仪表读取所施加的拉力数值，到预定值位置。通过马歇尔稳定度仪测量试件的层间剪切强度。

(a) 试件养护　　　　　　　　(b) 安装试件　　　　　　　　(c) 施加竖向拉力

(d) 剪切强度测定　　　　　　(e) 试件破坏　　　　　　　(f) 试件破坏截面图

图 3-9　施加竖向拉力的剪切试验过程

3.2.2　受水平推力作用的拉拔试验

1. 试验方法

层间法向作用行为可通过层间拉拔试验进行量测，然而单纯的层间拉拔试验并不完全符合车辆荷载作用下的层间破坏模型，所测得的层间黏结力仅可部分反映层间抗脱黏变形能力，不能反映出在车辆荷载作用下层间结合部位的整体不脱黏（脱离）能力。鉴于此，有必要进行切-拉拔试验，即在常规拉拔试验基础上施加一个水平推力，模拟汽车在行驶过程中突然制动、启动或正常加减速等因素造成的路面层

间剪切力。拉拔试验的目的是测量层间拉拔强度，施加水平推力的拉拔试验与施加
竖向压力的直剪试验原理类似，只是施加的水平推力小于层间剪切强度并保证在层
间拉拔破坏前不会产生层间剪切破坏。施加水平推力的拉拔试验如图 3-10 所示。

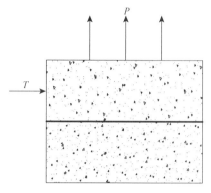

图 3-10　施加水平推力的拉拔试验

2. 试验装置

施加水平推力的拉拔试验利用能够施加水平推力的拉拔辅助装置，并借助万
能试验机完成试验。该装置可以精确地控制拉拔力的加载速率，能够自动记录试
验数据，操作方便。加载装置及控制系统如图 3-11 所示。

(a) 加载装置　　　　　　　　　　　　　(b) 控制系统

图 3-11　施加水平推力的拉拔试验加载装置及控制系统

3. 试验原理

试验时拉拔力由万能试验机施加，并通过万能试验机控制软件控制施力的速
度以及读取最大破坏值，水平推力由辅助装置施加。拉拔试验过程中所施加的水

平推力是借助液压式千斤顶通过弹簧向复合试件施加。试验过程与直剪试验相似，首先组装试验装置，其次将养护好的试件安装到夹具中固定好，向复合试件施加预定的水平推力，最后启动万能试验机，复合试件在水平推力和拉拔力的综合作用下破坏，最终计算出在水平推力与拉拔力综合作用下的层间拉拔强度。

值得注意的是，施加水平推力的位置对复合试件拉拔强度的影响很大，试验中施加水平推力的位置要靠近复合试件层间界面，以有效降低由偏心弯矩对界面产生拉力而影响层间拉拔强度。

3.2.3　斜剪试验

层间接触法-切向力综合作用效果可通过斜剪试验来量测，斜剪试验装置及原理如图 3-12 所示。

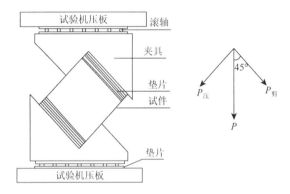

图 3-12　斜剪试验装置及原理

层间斜剪强度 R 按式（3-2）计算：

$$R = \frac{P}{S} \tag{3-2}$$

式中，R 为斜剪强度，MPa；P 为试验荷载最大值，N；S 为试件截面积，mm^2。

3.3　层间接触切向行为特性

3.3.1　试验方案

采用阳离子乳化沥青作为粘层材料，通过电动马歇尔击实仪成型复合试件，利用施加竖向压力的直剪试验装置，再通过正交试验，确定粘层油用量、温度、竖向压力对层间剪切强度的影响规律及其影响幅度，在此基础上深入分析不同竖向压力作用下粘层油用量对层间剪切强度的影响规律，以及不同温度条件下竖向压力对层间剪切强度的影响规律。另外，通过对复合试件施加竖向拉力，进一步研究在不同温度条件下竖向拉力对层间剪切强度的影响规律。

1. 正交试验方案

采用正交试验法，选取竖向压力、温度、粘层油用量作为正交试验的影响因素。其中，竖向压力（这里指竖向压应力，下同）选取 0.1MPa、0.25MPa、0.5MPa、0.7MPa 四种水平，温度选取 5℃、20℃、40℃、60℃四种水平，粘层油用量采用 0.4kg/m² 、 0.8kg/m² 、1.2kg/m² 、1.6kg/m² 四种水平。粘层材料采用阳离子乳化沥青。试验考察因素及水平设置如表 3-1 所示。

表 3-1　正交试验因素水平

水平	试验因素		
	竖向压力/MPa	温度/℃	粘层油用量/(kg/m²)
1	0.1	5	0.4
2	0.25	20	0.8
3	0.5	40	1.2
4	0.7	60	1.6

2. 粘层油用量对层间剪切强度的影响

改变粘层油用量，通过对试件施加 0MPa、0.35MPa 和 0.7MPa 的竖向压力，模拟车辆作用于路面时各层间受到的正压力，测试复合试件在不同粘层油用量下的层间剪切强度。

3. 竖向压力对层间剪切强度的影响

在 5℃、25℃、60℃的温度条件下，分别用 0MPa、0.05MPa、0.1MPa、0.25MPa、0.5MPa、0.7MPa 的竖向压力来模拟车辆荷载作用于路面时各层间受到的压力，测试复合试件在不同竖向压力条件下的层间剪切强度。

4. 温度对层间剪切强度的影响

对复合试件进行 5℃、20℃、25℃、40℃ 和 60℃的直接剪切试验，测试温度对层间剪切强度的影响。

5. 竖向拉力对层间剪切强度的影响

试验在 5℃、25℃、40℃的温度条件下，进行不同竖向拉力作用下的层间剪切强度测试，分析竖向拉力对层间剪切强度的影响规律。

3.3.2 粘层油用量对层间剪切强度的影响

在 25℃的温度条件下，分别施加 0MPa、0.35MPa 和 0.7MPa 的竖向压力，各竖向压力作用下不同粘层油用量的层间直剪试验结果如表 3-2 所示。各竖向压力作用下层间剪切强度随粘层油用量的变化情况如图 3-13 所示。

表 3-2　25℃时各竖向压力作用下不同粘层油用量的层间直剪试验结果

粘层油用量 /(kg/m²)	竖向压力 0MPa		竖向压力 0.35MPa		竖向压力 0.7MPa	
	最大剪切力 /kN	剪切强度 /MPa	最大剪切力 /kN	剪切强度 /MPa	最大剪切力 /kN	剪切强度 /MPa
0.2	3.73	0.444	8.97	1.037	11.54	1.363
	3.52		7.78		11.07	
	3.61		8.12		11.18	
	3.54		8.73		10.38	
0.4	4.98	0.611	9.93	1.125	10.30	1.401
	4.62		8.81		12.25	
	5.28		9.12		11.02	
	4.91		8.61		11.84	
0.6	6.36	0.750	9.53	1.193	10.56	1.427
	6.03		10.14		11.48	
	5.83		10.03		11.78	
	6.1		8.95		12.44	
0.8	6.55	0.820	10.53	1.233	11.13	1.475
	7.14		10.14		11.83	
	6.26		9.93		12.01	
	6.63		9.05		12.84	
1.0	5.42	0.694	8.18	1.129	10.92	1.382
	6.29		8.64		11.67	
	5.95		9.81		11.33	
	4.82		9.43		10.86	
1.2	5.03	0.631	6.86	0.947	11.12	1.349
	5.3		7.56		11.88	
	5.18		8.12		10.78	
	4.94		8.15		9.94	

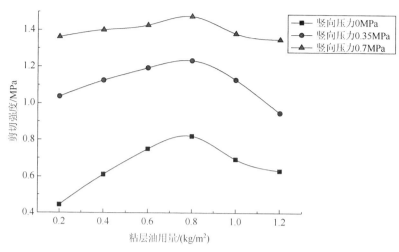

图 3-13　各竖向压力作用下层间剪切强度随粘层油用量的变化情况

由图 3-13 可知,在 25℃温度条件下,分别施加 0MPa、0.35MPa 和 0.7MPa 竖向压力时,层间剪切强度均随着粘层油用量的增加呈先增大后减小的变化趋势,最大剪切强度均出现在 0.8kg/m² 左右。当粘层油用量超过 0.8kg/m² 后,层间剪切强度下降很快,因此工程中层间洒铺粘层油时其用量应合理,否则将会影响层间黏结效果。

由图 3-13 还可以看出,当竖向压力增加到 0.7MPa 时,层间剪切强度随着粘层油用量增加而变化的幅度较小。分析认为,当竖向压力较大时,沥青铺面层间剪切强度主要由层间摩擦力提供,即使沥青铺面层间黏结层破坏,也会由于在竖向压力作用下层间界面接触依然较紧密,在剪切力的作用下层间摩阻力依然较大,此时粘层油用量对层间剪切强度的影响程度会减弱。

3.3.3　竖向压力对层间剪切强度的影响

固定层间乳化沥青洒铺量为 0.8kg/m²,分别在 5℃、25℃、60℃的温度条件下施加 0MPa、0.05MPa、0.1MPa、0.25MPa、0.5MPa、0.7MPa 的竖向压力,不同竖向压力作用下的层间直剪试验结果如表 3-3 所示。各温度条件下层间剪切强度随竖向压力的变化情况如图 3-14 所示。

表 3-3　不同竖向压力作用下的层间直剪试验结果

竖向压力/MPa	温度 5℃		温度 25℃		温度 60℃	
	最大剪力/kN	剪切强度/MPa	最大剪切力/kN	剪切强度/MPa	最大剪切力/kN	剪切强度/MPa
0	21.55	2.610	6.55	0.820	0.50	0.065
	20.84		7.14		0.54	
	21.14		6.26		0.54	

竖向压力 /MPa	温度5℃		温度25℃		温度60℃	
	最大剪力 /kN	剪切强度 /MPa	最大剪切力 /kN	剪切强度 /MPa	最大剪切力 /kN	剪切强度 /MPa
0	21.08	2.610	6.63	0.820	0.52	0.065
0.05	22.26	2.799	7.28	0.896	1.42	0.177
	22.85		7.49		1.42	
	22.47		7.26		1.36	
	23.14		7.02		1.53	
0.1	22.88	2.880	8.69	1.030	2.26	0.312
	23.48		8.1		2.84	
	23.59		8.25		2.55	
	23.39		8.34		2.48	
0.25	24.02	2.971	8.83	1.141	3.26	0.391
	24.25		9.31		3.14	
	24.12		9.56		3.10	
	23.92		9.27		3.17	
0.5	27.17	3.271	10.25	1.286	4.73	0.565
	26.61		10.32		4.62	
	26.34		10.75		4.54	
	25.91		10.36		4.44	
0.7	27.62	3.454	11.13	1.475	6.63	0.791
	28.35		11.83		6.24	
	28.01		12.01		6.45	
	27.99		12.84		6.32	

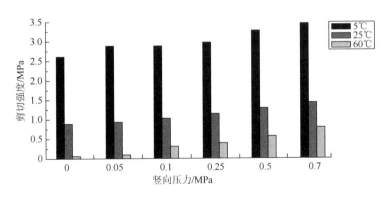

图 3-14 各温度条件下层间剪切强度随竖向压力的变化情况

由表 3-3 和图 3-14 可知，在 5℃、25℃、60℃温度条件下，分别对复合试件施加 0MPa、0.05MPa、0.1MPa、0.25MPa、0.5MPa、0.7MPa 的竖向压力时，层间剪切强度随着竖向压力的增大而增大。为了更明显地看出层间剪切强度随竖向压力增加而变化的趋势，以每种温度条件下没有施加竖向压力时（即竖向压力为

0MPa）的剪切强度为基准，分别计算施加不同竖向压力时的剪切强度与没有施加竖压力时的剪切强度比，计算结果如表 3-4 所示。

表 3-4　施加不同竖向压力时的剪切强度比

温度/℃	竖向压力					
	0MPa	0.05MPa	0.1MPa	0.25MPa	0.5MPa	0.7MPa
5	1	1.07	1.10	1.13	1.25	1.32
25	1	1.19	1.37	1.52	1.71	2.04
60	1	2.72	4.80	6.01	8.69	12.17

由表 3-4 可以看出，在不同温度条件下，其层间剪切强度的增长幅度不一样。以每种温度条件下施加 0.7MPa 竖向压力为例，在 5℃温度条件下，其层间剪切强度是没有施加竖向压力时的 1.32 倍；在 25℃温度条件下，为 2.04 倍；在 60℃温度条件下，增至 12.17 倍，说明温度越高，竖向压力对层间剪切强度的影响幅度越大。分析认为，在高温时粘层材料的黏度降低，沥青层层间界面的剪切强度主要由摩阻力决定，由莫尔-库仑理论可知，竖向压力越大，提供的摩阻力就越大。

目前研究沥青路面层间剪切强度构成特性，一般采用莫尔-库仑理论作为分析路面层间剪切强度的理论，其表达式为

$$\tau = C + \sigma_z \tan\varphi \tag{3-3}$$

式中，τ 为路面结构层间剪切强度，MPa；C 为材料的黏结力，MPa；σ_z 为荷载产生的正应力，MPa，受竖向压力作用时为压应力，受竖向拉力作用时为拉应力；φ 为粘层结构的内摩擦角，rad。

将不同温度条件下，不同竖向压力作用时层间剪切强度的试验结果进行汇总分析，并对试验数据进行拟合，拟合结果如图 3-15 所示。

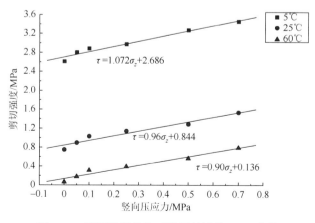

图 3-15　不同温度条件下粘层材料的 τ-σ_z 曲线

根据图 3-15 的 $\tau\text{-}\sigma_z$ 拟合曲线得到层间不同温度条件下粘层材料的莫尔-库仑表达式，即

$$\begin{cases} \tau = 1.072\sigma_z + 2.686 & (5℃) \\ \tau = 0.96\sigma_z + 0.844 & (25℃) \\ \tau = 0.90\sigma_z + 0.136 & (60℃) \end{cases} \qquad （3\text{-}4）$$

由图 3-15 和式（3-4）可以看出，不同温度条件下层间剪切强度与所施加的竖向压力呈线性相关，且随着温度的升高，黏结力分量大小不断下降。

3.3.4 竖向拉力对层间剪切强度的影响

为分析竖向拉力对层间剪切强度的影响，在 5℃、25℃、60℃的温度条件下进行施加不同竖向拉力的层间直剪试验。各种试验条件下的层间乳化沥青洒铺量为 0.8kg/m²。不同竖向拉力作用下层间直剪试验结果如表 3-5 所示。5℃、25℃温度条件下，层间剪切强度随所施加竖向拉力的变化情况如图 3-16 所示。

表 3-5　不同竖向拉力作用下的层间直剪试验结果

温度/℃	层间直剪试验结果					
5	竖向拉力/MPa	0	0.025	0.05	0.075	0.1	0.125
	剪切强度/MPa	2.610	2.254	2.089	1.936	1.722	1.367
25	竖向拉力/MPa	0	0.012	0.025	0.037	0.05	0.075
	剪切强度/MPa	0.749	0.625	0.477	0.44	0.389	0.172
40	竖向拉力/MPa	0	0.025	0.05	0.075	0.100	0.125
	剪切强度/MPa	0.146	0.135	已拉伸破坏，无法测试层间剪切强度			

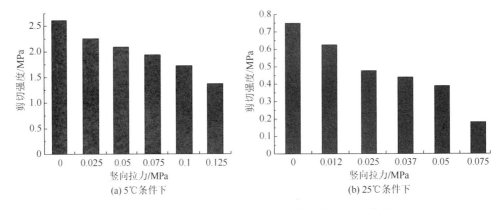

(a) 5℃条件下　　　　　　　　　　(b) 25℃条件下

图 3-16　各温度条件下层间剪切强度随竖向拉力的变化情况

由图 3-16 可以看出，在 5℃、25℃温度条件下，当作用在层间界面的竖向力由压力转为拉力时，剪切强度急剧下降，并且随着竖向拉力的增加而逐渐减小。在 5℃温度条件下，当竖向拉力由 0MPa 增加到 0.125MPa 时，层间剪切强度由 2.610MPa 下降为 1.367MPa，降幅达 47.6%；在 25℃温度条件下，当竖向拉力由 0MPa 增加到 0.05MPa 时，层间剪切强度由 0.749MPa 下降为 0.389MPa，降幅达 48.1%。在 60℃温度条件下，对复合试件施加很小的竖向拉力时，复合试件即被拉断，难以继续完成试验操作，证实了高温条件下铺面层间黏结性能急剧下降，特别容易导致层间发生滑移、脱落等病害。

将不同温度条件下的层间剪切强度与竖向拉力进行一元线性回归，回归分析结果如图 3-17 所示。

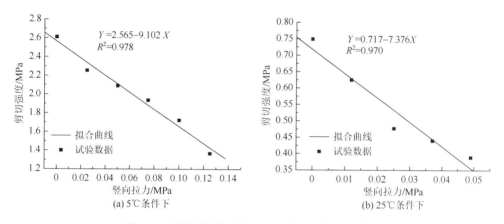

图 3-17 层间剪切强度与竖向拉力的回归分析结果

从图 3-17 可以看出，不同温度条件下，层间剪切强度与竖向拉力呈负线性相关，且斜率的绝对值都比较大，说明竖向拉力对层间剪切强度的消减作用明显。

将不同温度条件下竖向拉力和竖向压力与层间剪切强度的回归方程进行汇总，汇总结果见表 3-6。

表 3-6 层间剪切强度与竖向拉力和竖向压力之间的回归方程汇总

温度 /℃	竖向拉力作用下剪切强度				竖向压力作用下剪切强度			
	回归方程	相关系数	显著性	斜率绝对值	回归方程	相关系数	显著性	斜率绝对值
5	$\tau = -9.102\sigma + 2.565$	0.978	177	9.102	$\tau = 1.072\sigma_z + 2.686$	0.984	121	1.072
25	$\tau = -7.376\sigma + 0.717$	0.970	47	7.376	$\tau = 0.96\sigma_z + 0.844$	0.945	68	0.96
60	—	—	—	—	$\tau = 0.90\sigma_z + 0.136$	0.960	97	0.90

从表 3-6 可知，在相同的黏结条件下，层间剪切强度与竖向拉力回归方程的斜率普遍比竖向压力的大，说明竖向拉力对层间剪切强度的影响更加敏感。其原因是，层间混合料具有的黏结性能可抵抗层间受竖向拉力的作用，而通常情况下沥青层与层之间的黏结拉拔强度比较低，竖向拉力的施加将可能直接导致层间被拉脱或降低了层间的黏结作用，使之处于一种不利受力状态，因此在竖向拉力作用下其层间剪切强度显著降低。因此，当路面发生变形、结构层较薄时，在沥青层层底产生的拉（或弯拉）应力对层间剪切强度的影响不容忽视。

3.3.5 温度对层间剪切强度的影响

为分析温度对层间剪切强度的影响，分别在 5℃、20℃、25℃、40℃、60℃ 五种温度条件下进行施加竖向压力的直剪试验。试验中，粘层油的洒铺量为 0.8kg/m²，竖向压力分别为 0MPa、0.25MPa、0.7MPa。试验结果如表 3-7 所示，各竖向压力作用下层间剪切强度随温度的变化情况如图 3-18 所示。

表 3-7 不同温度条件下施加竖向压力的直剪试验结果

温度 /℃	竖向压力 0MPa		竖向压力 0.25MPa		竖向压力 0.7MPa	
	最大剪切力 /kN	剪切强度 /MPa	最大剪切力 /kN	剪切强度 /MPa	最大剪切力 /kN	剪切强度 /MPa
5	21.55	2.610	24.02	2.971	27.62	3.454
	20.84		24.25		28.35	
	21.14		24.12		28.01	
	21.08		23.92		27.99	
20	9.07	1.111	12.23	1.491	13.41	1.685
	9.23		12.17		13.58	
	8.79		11.88		13.73	
	8.93		12.06		13.91	
25	6.27	0.749	8.83	1.141	12.44	1.533
	6.12		9.31		12.60	
	5.87		9.56		12.26	
	6.01		9.27		12.39	
40	2.14	0.290	4.22	0.548	7.39	0.933
	1.93		4.65		7.45	
	2.57		4.54		7.64	
	2.77		4.36		7.75	
60	0.50	0.065	3.258	0.391	6.63	0.791
	0.54		3.143		6.24	
	0.54		3.104		6.45	
	0.52		3.168		6.32	

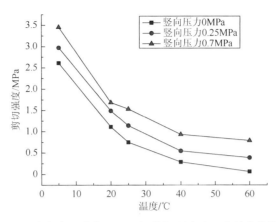

图 3-18　各竖向压力作用下层间剪切强度随温度的变化情况

从表 3-7 和图 3-18 可以看出，温度变化对层间剪切强度影响显著，随着温度的升高，层间剪切强度迅速降低。当温度为 5℃时，分别施加 0MPa、0.25MPa、0.7MPa 竖向压力所对应的层间剪切强度为 2.610MPa、2.971MPa、3.454MPa，当温度升高到 60℃时，层间剪切强度下降为 0.065MPa、0.391MPa、0.791MPa，下降幅度分别为 97.5%、86.8%、77.1%。

将不同温度条件下的层间剪切强度对数 $\lg\tau$ 和温度 T 进行一元一次线性回归分析，回归分析结果如图 3-19 和表 3-8 所示。

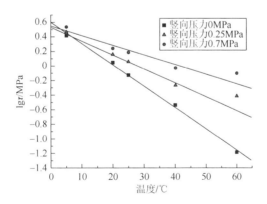

图 3-19　层间剪切强度对数和温度的回归分析结果

表 3-8　层间剪切强度对数和温度的回归方程汇总

竖向压力/MPa	回归方程	斜率 k 绝对值	相关系数	显著性
0	$\lg\tau = -0.029T + 0.601$	0.029	0.997	1015
0.25	$\lg\tau = -0.016T + 0.499$	0.016	0.957	67
0.7	$\lg\tau = -0.011T + 0.507$	0.011	0.905	28

从图 3-19 和表 3-8 可以看出，层间剪切强度对数和温度呈明显的线性关系，可用式（3-5）来表达。

$$\lg \tau = kT + b \qquad (3-5)$$

式中，τ 为层间剪切强度，MPa；T 为温度，℃；k 为斜率；b 为回归系数。

斜率 k 反映了剪切强度随温度变化的敏感程度，k 绝对值越大，说明层间剪切强度对温度的变化越敏感。从表 3-8 可以看出，随着竖向压力的增大，k 绝对值逐渐减小，说明层间剪切强度对温度变化的敏感程度逐渐降低。

3.4　层间接触法向行为特性

3.4.1　试验方案

采用能够施加水平推力的拉拔试验装置，对含有层间接触面的复合试件进行切-拉拔试验，以充分模拟汽车在行驶过程中突然制动、启动或加减速等因素产生的路面层间水平切向力，分析不同温度条件、不同黏结状态层与层之间的黏聚力，以及所施加水平力对黏聚力的影响规律，并进行室内粘层材料拉拔强度影响因素分析及其拉拔强度与剪切强度相关性分析。

主要试验内容及方案如下：

（1）改变粘层油用量，分别测试不同水平推力作用下，粘层油用量对层间拉拔强度的影响规律。

（2）在 5℃、20℃的温度条件下，分别施加 0MPa、0.05MPa、0.1MPa、0.15MPa、0.2MPa 的水平推力，测试复合试件在不同水平推力作用下的层间拉拔强度，以此分析水平推力对层间拉拔强度的影响规律。

（3）分别对复合试件进行 5℃、20℃、35℃、60℃的直接拉拔试验，研究温度对层间拉拔强度的影响。

（4）剪切试验与拉拔试验都是针对具有层间接触面的复合试件进行的关于层间特性的研究，但两者受力模式和破坏模式不同。

车辆紧急制动时，车轮处于滑动状态，车辆对路面的水平荷载为

$$F = \mu N \qquad (3-6)$$

式中，F 为车辆承受的水平荷载；μ 为车辆与路面的滑动摩擦系数；N 为路面对轮胎的反作用力。

以下考虑水平推力对层间拉拔强度的影响时，只考虑车辆极限制动情况下的水平荷载。车辆在不同行车状况下与路面间的滑动摩擦系数（即水平力系数）如表 3-9 所示。

表 3-9　车辆在不同行车状况下的水平力系数

行车状况	匀速行驶	正常启动	一般制动	紧急制动
μ	0.01	0.1	0.2	0.5

3.4.2　粘层油用量对层间拉拔强度的影响

如前所述，粘层油用量对层间剪切强度影响显著，且存在一个最佳粘层油用量。为分析粘层油用量对路面层间黏结性能的影响，在 20℃的温度条件下，分别施加 0MPa、0.1MPa 和 0.15MPa 的水平推力（指水平推应力）进行切-拉拔试验，试验结果如表 3-10 所示。各水平推力作用下层间拉拔强度随粘层油用量的变化情况如图 3-20 所示。

表 3-10　20℃时不同粘层油用量的层间切-拉拔试验结果

粘层油用量 /(kg/m²)	水平推力 0MPa		水平推力 0.1MPa		水平推力 0.15MPa	
	最大拉拔力 /kN	拉拔强度 /MPa	最大拉拔力 /kN	拉拔强度 /MPa	最大拉拔力 /kN	拉拔强度 /MPa
0.4	1.89		1.32		0.93	
	1.83	0.234	1.29	0.144	0.83	0.103
	1.94		0.92		0.75	
	1.92		1.14		0.82	
0.6	2.17		1.32		1.01	
	2.40	0.282	1.28	0.166	1.16	0.141
	2.26		1.41		1.12	
	2.31		1.37		1.26	
0.8	2.64		1.63		1.35	
	2.73	0.325	1.36	0.190	1.26	0.161
	2.54		1.57		1.31	
	2.61		1.58		1.29	
1.0	2.56		1.61		1.32	
	2.47	0.294	1.83	0.229	1.43	0.173
	2.38		1.98		1.38	
	2.13		2.01		1.47	
1.2	2.23		2.36		1.20	
	2.16	0.259	2.27	0.284	1.13	0.145
	1.94		2.35		1.12	
	2.07		2.22		1.26	
1.4	1.74		2.36		0.66	
	2.03	0.229	1.92	0.253	0.84	0.109
	1.69		1.78		1.10	
	1.97		2.13		0.92	

续表

粘层油用量 /(kg/m²)	水平推力 0MPa		水平推力 0.1MPa		水平推力 0.15MPa	
	最大拉拔力 /kN	拉拔强度 /MPa	最大拉拔力 /kN	拉拔强度 /MPa	最大拉拔力 /kN	拉拔强度 /MPa
1.6	1.48	0.185	1.26	0.148	0.09	0.09
	1.35		1.18		0.08	
	1.56		1.32		0.11	
	1.61		1.03		0.09	

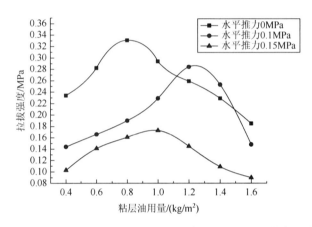

图 3-20　各水平推力作用下层间拉拔强度随粘层油用量的变化情况

　　由图 3-20 可以看出，与前面层间剪切强度变化规律类似，随着粘层油用量的增多，层间拉拔强度呈先增大后减小的规律，层间拉拔强度最大时也对应着一个最佳粘层油用量。然而，在不同水平推力作用下，层间拉拔强度所对应的最佳粘层油用量略有不同，但与前面层间剪切强度所确定的最佳用量相比，层间拉拔强度确定的最佳用量比层间剪切强度确定的最佳用量大，在 0.8～1.2kg/m²。

3.4.3　水平推力对层间拉拔强度的影响

　　常规的直接拉拔试验中粘层材料处于单向受拉状态，而实际路面结构破坏中既有水平向的剪切破坏模式，又有竖向的张拉破坏模式。进行基于切向推力的切-拉拔试验的目的是模拟汽车在行驶过程中突然制动、启动或加减速等因素产生的路面层间切向推力（或称水平推力）对层间拉拔强度的影响。试验在 5℃、20℃的温度条件下进行，粘层材料采用阳离子乳化沥青，粘层油洒铺量为 0.8kg/m²，试验结果如表 3-11 所示。各温度条件下层间拉拔强度随水平推力的变化情况如图 3-21 所示。

表 3-11　施加不同水平推力时的层间切-拉拔试验结果

水平推力 /MPa	温度 5℃		温度 20℃	
	最大拉拔力 /kN	拉拔强度 /MPa	最大拉拔力 /kN	拉拔强度 /MPa
0	6.35	0.724	2.64	0.325
	5.75		2.73	
	5.84		2.54	
	5.55		2.61	
0.05	5.68	0.714	2.10	0.244
	5.87		1.95	
	5.55		1.91	
	6.06		1.94	
0.1	5.54	0.697	1.63	0.190
	5.51		1.36	
	5.69		1.57	
	5.83		1.58	
0.15	5.61	0.723	1.35	0.161
	6.11		1.26	
	5.93		1.31	
	5.79		1.29	
0.2	5.68	0.707	1.07	0.135
	5.45		1.12	
	5.97		1.14	
	5.82		1.04	

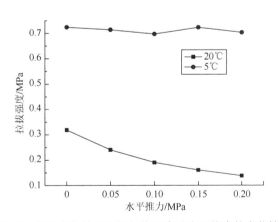

图 3-21　各温度条件下层间拉拔强度随水平推力的变化情况

由图 3-21 可知,在 20℃温度条件下,层间拉拔强度随水平推力的增大而减小,然而在 5℃温度条件下,水平推力对层间拉拔强度的影响并不显著,不同水平推力下的层间拉拔强度基本维持稳定。

分析认为,低温时沥青处于硬脆固体状态,具有较高的力学强度,当对复合试件进行施加水平推力的拉拔强度测试时，由于整个复合试件包括接触面处于硬脆固体状态，所施加的水平推力并没有造成层间黏结层损伤。因此，低温时施加水平推力并不能对层间拉拔强度形成实质性的影响。常温时沥青处于黏弹性状态，混合料的劲度降低，黏度下降，当对复合试件进行施加水平推力的拉拔强度测试时，所施加的水平推力可能会造成层间界面处黏结材料损伤，从而降低层间拉拔强度。

3.4.4　温度对层间拉拔强度的影响

为分析温度对层间拉拔强度的影响，分别进行 5℃、20℃、35℃、50℃四种温度条件下的拉拔试验。粘层油的洒铺量为 0.8kg/m^2，水平推力为 0MPa、0.1MPa，试验结果如表 3-12 所示。各水平推力作用下层间拉拔强度随温度的变化情况如图 3-22 所示。

表 3-12　不同温度条件下的拉拔试验结果

温度 /℃	水平推力 0MPa			水平推力 0.1MPa		
	最大拉拔力/kN	拉拔强度 /MPa	平均值 /MPa	最大拉拔力/kN	拉拔强度 /MPa	拉拔强度 平均值/MPa
5	6.347	0.783	0.724	5.544	0.684	0.697
	5.754	0.710		5.514	0.680	
	5.835	0.720		5.687	0.702	
	5.545	0.684		5.834	0.720	
20	2.640	0.326	0.325	1.630	0.201	0.190
	2.730	0.337		1.360	0.168	
	2.540	0.313		1.570	0.194	
	2.610	0.322		1.580	0.195	
35	0.923	0.114	0.123	0.723	0.089	0.091
	0.880	0.109		0.654	0.081	
	1.123	0.139		0.834	0.103	
	1.038	0.128		0.745	0.092	
50	0.234	0.029	0.028	—	—	试件破坏
	0.213	0.026		—	—	
	0.196	0.024		—	—	
	0.258	0.032		—	—	

由图 3-22 可知，随着温度的升高，层间拉拔强度急剧下降，不同温度条件下的层间拉拔强度普遍小于相同条件下的层间剪切强度。分析认为，拉拔试验和直剪试验是两种不同的试验方法，它们的层间受力模式不同，拉拔强度主要由层

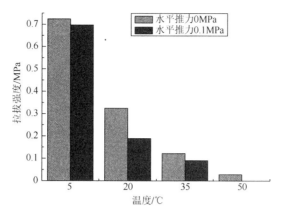

图 3-22　温度对层间拉拔强度的影响

间粘层油的黏结作用提供，而剪切强度由层间粘层油的黏结作用和层间界面摩擦
作用共同提供，因此层间拉拔强度小于层间剪切强度。

　　将不同温度条件下的层间拉拔强度取对数并和温度 T 进行一元一次线性回归
分析，回归分析结果如图 3-23 所示。

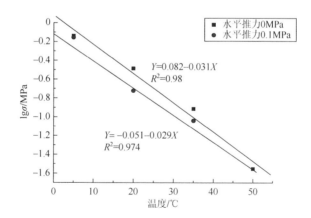

图 3-23　层间拉拔强度和温度的回归分析结果

　　从图 3-23 可以看出，层间拉拔强度对数和温度呈明显的线性关系，两者之间
的关系可表示为

$$\lg\sigma = kT + b \qquad (3\text{-}7)$$

式中，σ 为拉拔强度，MPa；T 为温度，℃；k 为斜率；b 为回归系数。

　　斜率 k 和前述剪切强度类似，它反映了拉拔强度随温度变化的敏感程度。k 的
绝对值越大，说明拉拔强度对温度的变化越敏感。将拉拔强度和剪切强度对温度
的回归直线斜率 k 的绝对值进行汇总，汇总结果如表 3-13 所示。

表 3-13　拉拔强度和剪切强度回归系数汇总

试验方法	拉拔强度		剪切强度		
荷载模式	水平推力		竖向压力		
	0MPa	0.1MPa	0MPa	0.25MPa	0.7MPa
k 绝对值	0.031MPa	0.029MPa	0.029MPa	0.016MPa	0.011MPa

从表 3-13 可以看出，相同的黏结状况下，在没有施加水平推力和竖向压力的情况下，拉拔强度的回归直线斜率绝对值比剪切强度要大。另外，施加水平推力和竖向压力后，拉拔强度和剪切强度的回归直线斜率绝对值都有所降低，即拉拔强度或剪切强度对温度变化的敏感性降低。分析认为，施加水平推力和竖向压力后，外力会影响到层间集料颗粒的摩擦力，从而导致拉拔强度或剪切强度对温度的敏感性有所降低。

3.4.5　拉拔强度与剪切强度的相关性分析

通过不同粘层油用量和不同温度条件下拉拔试验与直剪试验，寻找拉拔强度与剪切强度之间的相关关系，对不同粘层油用量条件下的剪切强度和拉拔强度进行相关性分析，分析结果如表 3-14 所示。

表 3-14　剪切强度和拉拔强度相关性分析结果

强度指标	相关性分析参数	剪切强度	拉拔强度
拉拔强度 （水平推力 $T = 0$MPa）	相关系数	1	0.939
	显著性水平 P 值（双侧检验）	0	0.006
	样本量	8	6
剪切强度 （竖向压力 $P = 0$MPa）	相关系数	0.939	1
	显著性水平 P 值（双侧检验）	0.006	0
	样本量	6	6
拉拔强度 （水平推力 $T = 0$MPa）	相关系数	1	0.639
	显著性水平 P 值（双侧检验）	0	0.172
	样本量	8	6
剪切强度 （竖向压力 $P = 0.5$MPa）	相关系数	0.639	1
	显著性水平 P 值（双侧检验）	0.172	0
	样本量	6	6
拉拔强度 （水平推力 $T = 0$MPa）	相关系数	1	0.704
	显著性水平 P 值（双侧检验）	0	0.118
	样本量	8	6
剪切强度 （竖向压力 $P = 0.7$MPa）	相关系数	0.704	1
	显著性水平 P 值（双侧检验）	0.118	0
	样本量	6	6

从表 3-14 相关性分析结果可知，不同粘层油用量下拉拔强度和不同粘层油用量下分别施加 0MPa、0.5MPa、0.7MPa 竖向压力下的剪切强度之间的相关系数分别为 0.939、0.639、0.704，显著性水平 $P = 0$（双侧检验），因此认为剪切强度与拉拔强度之间存在显著正相关关系。

取拉拔强度与剪切强度各自的平均值，分析二者的关系。根据表 3-15 中的试验数据，得出拉拔强度与剪切强度之间的关系为

$$\begin{cases} \sigma = 0.412\tau & （竖向压力0MPa） \\ \sigma = 0.241\tau & （竖向压力0.25MPa） \\ \sigma = 0.191\tau & （竖向压力0.7MPa） \end{cases} \quad (3\text{-}8)$$

表 3-15　层间性能试验结果（20℃）

拉拔强度 /MPa	剪切强度/MPa		
	竖向压力 0MPa	竖向压力 0.25MPa	竖向压力 0.7MPa
0.214	0.444	1.037	1.363
0.234	0.611	1.125	1.401
0.282	0.75	1.193	1.427
0.325	0.82	1.233	1.475
0.294	0.694	1.129	1.382
0.259	0.631	0.947	1.349

3.5　层间接触法-切向综合作用行为特性

3.5.1　试验方案

车辆在行驶时，路面不仅会受到竖向力的作用，也会受到水平力的作用，因此沥青铺面层间特性应同时考虑水平荷载和竖向荷载作用。斜剪试验可以满足复合试件受到水平力和竖向力综合作用条件，并在水平力的作用下发生剪切破坏，可以较好地模拟在行车荷载作用下沥青铺面层间发生剪切破坏的情况。主要试验内容包括以下几个方面。

（1）粘层油用量的影响。对复合试件进行 25℃、40℃温度条件下不同粘层油用量的斜剪试验，分析不同温度条件下粘层油用量对层间斜剪强度的影响规律。

（2）温度的影响。分别对复合试件进行-10℃、10℃、25℃、40℃、60℃的斜剪试验，分析其破坏过程，确定温度对层间斜剪强度的影响规律。

（3）层间表面粗糙度的影响。采用构造深度（TD）对不同级配类型混合料表面粗糙程度进行标定，以此来分析不同混合料类型形成的不同表面粗糙度对层间斜剪强度的影响。

3.5.2　粘层油用量对层间斜剪强度的影响

在 25℃、40℃温度条件下分别测试试件在不同粘层油用量下的层间斜剪强度，分析粘层油用量对层间斜剪强度的影响规律。试验结果如表 3-16 所示。

表 3-16　不同粘层油用量条件下的斜剪试验结果

粘层油用量 /(kg/m²)	温度 25℃		温度 40℃	
	最大剪切力 /kN	斜剪强度 /MPa	最大剪切力 /kN	斜剪强度 /MPa
0	22.23	2.79	10.28	1.11
	23.67		9.78	
	21.44		8.25	
	23.12		7.79	
0.4	24.25	3.02	11.37	1.52
	25.55		10.04	
	23.40		14.4	
	24.60		13.58	
0.8	24.81	3.20	19.38	2.29
	26.89		19.09	
	26.35		17.14	
	25.81		18.64	
1.2	26.96	3.33	15.17	1.71
	27.46		13.3	
	28.97		13.84	
	24.44		12.96	
1.6	23.88	2.90	12.31	1.33
	22.91		10.06	
	23.06		9.37	
	24.18		11.38	

不同温度条件下层间斜剪强度随粘层油用量的变化情况如图 3-24 所示。由图 3-24 可知，层间斜剪强度随着粘层油用量的增加呈先增加后减小的变化规律，

与前述施加竖向压力的直剪试验结果类似，层间最大斜剪强度也对应着一个粘层油最佳用量值。

从图 3-24 还可以看出，不同温度条件下所确定的最佳粘层油用量不同。25℃温度条件下，最佳粘层油用量为 1.2kg/m²；40℃温度条件下，最佳粘层油用量为 0.8kg/m²。这表明对于粘层材料，较高温度时的最佳粘层油用量要比常温时少。分析认为温度较高时，粘层材料黏度降低，劲度模量下降，此时黏结层作用与常温相比，不仅起不到黏结作用，反而会起润滑作用。

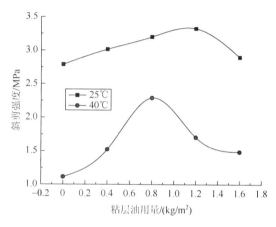

图 3-24　不同温度条件下层间斜剪强度随粘层油用量的变化情况

3.5.3　温度对层间斜剪强度的影响

在 -10℃、10℃、25℃、40℃、60℃五种温度条件下进行斜剪试验，粘层油的洒铺量为 0.8kg/m²，试验结果如表 3-17 所示。

表 3-17　不同温度条件下的斜剪试验结果

温度/℃	最大剪切力/kN	斜剪强度/MPa	斜剪强度平均值/MPa
-10	78.53	9.69	10.28
	82.14	10.14	
	84.36	10.41	
	88.12	10.89	
10	41.14	5.08	5.30
	42.36	5.23	
	44.28	5.47	
	43.86	5.41	

续表

温度/℃	最大剪切力/kN	斜剪强度/MPa	斜剪强度平均值/MPa
25	24.81	3.06	3.20
	26.89	3.32	
	26.35	3.25	
	25.81	3.18	
40	19.38	2.39	2.29
	19.09	2.36	
	17.14	2.12	
	18.64	2.30	
60	12.23	1.51	1.61
	13.61	1.68	
	11.48	1.42	
	14.92	1.84	

层间斜剪强度随温度的变化情况如图 3-25 所示。由图可知，随着温度升高，层间斜剪强度迅速下降。当温度从–10℃上升到60℃时，层间斜剪强度从 10.28MPa 迅速降至 1.61MPa，降幅达 84.3%。

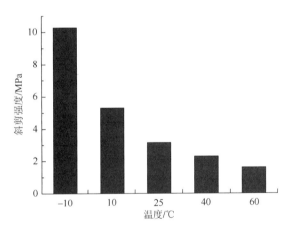

图 3-25　层间斜剪强度随温度的变化情况

混合料在低温–10℃、常温 25℃、高温 60℃条件下层间斜剪试件断面如图 3-26 所示。从图中可以看出，不同温度条件下层间斜剪试件断面并不一样，在低温–10℃条件下试件断面表面干净、整洁，而在高温 60℃时断面表面粘有不少沥青胶浆。

(a) 低温–10℃ (b) 常温25℃ (c) 高温60℃

图 3-26　不同温度条件下层间斜剪试件断面

不同温度条件下斜剪试验破坏过程如图 3-27 所示，由于低温时位移很小，几乎测不出来，因此采用剪切力-时间曲线表示。从剪切过程图来看，低温时，层间在达到最大剪切力之后，水平剪切力迅速减小，呈现脆性破坏；高温时，层间在达到最大剪切力后，水平剪切力缓慢减小，呈现塑性破坏；常温时，层间在达到最大剪切力后，水平剪切力减缓速度处于高温和低温之间，呈现弹-塑性破坏。

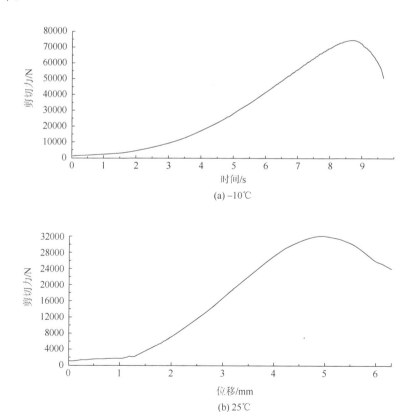

(a) –10℃

(b) 25℃

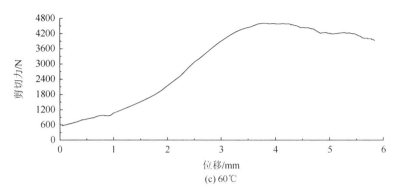

图 3-27　不同温度条件下斜剪试验破坏过程

3.5.4　层间表面粗糙度对层间斜剪强度的影响

为分析不同混合料表面粗糙度对层间斜剪强度的影响，使用 AC13-AC20、AC16-AC20、SMA13-AC20、OGFC13-AC20 四种混合料界面组合结构，粘层油洒铺量为 0.8kg/m²。在 25℃温度条件下对含层间界面的不同混合料组合试件进行层间斜剪试验，试验结果如表 3-18 所示。

表 3-18　25℃温度条件下不同混合料组合试件层间斜剪试验结果

混合料组合	表面构造深度/mm	最大剪切力/kN	斜剪强度/MPa	斜剪强度平均值/MPa
AC13-AC20	0.345	30.47	3.760	3.818
		31.43	3.879	
		30.55	3.770	
		31.29	3.861	
AC16-AC20	0.385	36.86	4.549	4.216
		35.19	4.343	
		35.14	4.337	
		29.46	3.636	
SMA13-AC20	0.490	31.97	3.945	4.089
		35.31	4.358	
		31.34	3.868	
		33.92	4.186	
OGFC13-AC20	0.610	30.72	3.791	3.774
		31.36	3.870	
		30.31	4.234	
		29.94	3.695	

不同混合料级配组合对层间斜剪强度和表面构造深度的影响如图 3-28 所示。从图中可以看出，在粘层油用量一定的情况下，层间斜剪强度与表面构造深度的关系并不十分明确。从整体情况看，四种级配类型混合料中，AC16-AC20 的层间斜剪强度最大，SMA13-AC20 的层间斜剪强度次之，OGFC13-AC20 的层间斜剪强度最小。因此，层间表面粗糙度并不与层间摩阻力大小直接相关，而决定层间摩阻作用的直接相关因素应是层间界面间由粗糙度形成的有效接触面积，有效接触面积越大，层间摩阻作用越强，斜剪强度越大。

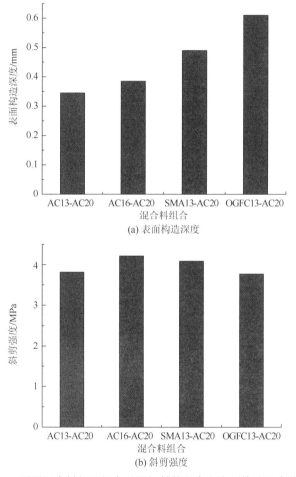

(a) 表面构造深度

(b) 斜剪强度

图 3-28　不同混合料级配组合对层间斜剪强度和表面构造深度的影响

下面将不同混合料组合试件的层间斜剪试验与直剪试验结果进行对比，如图 3-29 所示。从图中可以看出，通过对比施加 0.25MPa 竖向压力的直剪试验与斜剪试验结果可以发现，两种试验方式下均是 AC16-AC20 与 SMA13-AC20 的层间剪切强度相对更大，而 OGFC13-AC20 的层间剪切强度相对更小。分析认为，基于竖向压力的直剪试验方法与斜剪试验方法存在相关性。斜剪试验通过对试件顶面施加正压力，使得测试试件同时受到一个水平力和一个竖向力作用，并在水平力的作用下发生剪切破坏。这与基于竖向压力的直剪试验在破坏过程上相似。

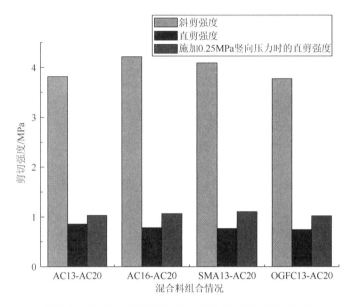

图 3-29　不同混合料组合对层间剪切强度的影响对比

3.6　法-切向力综合作用下的层间力学模型

3.6.1　层间压-直剪剪切模型

采用 SPSS 统计软件，使用初等函数分别建立 Y_i 对各变量 $x_i (i = 1, 2, \cdots, p)$ 的最佳一元回归模型 $Y_i = f_i(x_i)$，再将 Y 对 $Y_i (i = 1, 2, \cdots, p)$ 进行多元线性回归，即得到 Y 对多变量 $x_1, x_2, \cdots, x_p$ 的多元非线性回归模型。本节关于层间剪切强度 Y 与温度 T、竖向压力 P、粘层油用量 A 等各因素的多元回归模型构建过程如下。

（1）由于温度对层间剪切强度的影响高度显著，单独考虑温度 T 的影响，构建层间剪切强度与温度的一元回归模型 $Y_T = f(x_T)$。

（2）由于竖向压力对层间剪切强度的影响幅度在不同温度条件下差别较大，考虑竖向压力 P 与温度 T 的综合影响，构建层间剪切强度与竖向压力、温度的二元回归模型 $Y_P = f(x_P, x_T)$。

（3）由于粘层油用量对层间剪切强度影响不显著，仅考虑粘层油用量 A 的影响，构建层间剪切强度与粘层油用量的一元回归模型 $Y_A = f(x_A)$。

（4）综合考虑温度 T、竖向压力 P 和粘层油用量 A 等因素，搭建层间剪切强度 Y 与各因素下的层间剪切强度 Y_T、Y_P、Y_A 之间的关系，即 $Y = aY_T + bY_P + cY_A + d$，采用 SPSS 软件，将实测强度与拟合强度进行回归，确定回归系数 a、b、c、d 的值。

（5）将回归系数 a、b、c、d 及 Y_T、Y_P、Y_A 表达式代入 $Y = aY_T + bY_P + cY_A + d$，经整理，最后得到层间剪切强度 Y 与温度 T、竖向压力 P、粘层油用量 A 等因素的多元回归模型。

由于粘层材料性质受温度影响大，为提高模型的计算精度，在构建层间剪切模型时，在低温、常温、高温三种状态下分别构建相应的力学模型。基于前述测试数据，应用上述方法所构建的层间剪切模型如表 3-19～表 3-21 所示。

表 3-19　低温状态下的层间剪切模型

温度范围/℃		$T < 20$
各因素作用下的层间剪切模型 Y_i	温度 T	$Y_T = 4.345 - 2.497\lg T$
	竖向压力 P	$Y_P = 1.01P - 2.703\ln(\lg T) + 1.725$
	粘层油用量 A	$Y_A = 0.6A - 0.313A^2 + 1.568$
多因素作用下的层间剪切模型 Y		$Y = 0.998P - 2.665\ln(\lg T) + 0.255\lg T + 0.044A^2 - 0.084A + 1.477$ 复相关系数 $R^2 = 0.986$，统计量 $F = 141$

表 3-20　常温状态下的层间剪切模型

温度范围/℃		$20 \leqslant T < 35$
各因素作用下的层间剪切模型 Y_i	温度 T	$Y_T = 5.595(\lg T)^2 - 18.278\lg T + 15.409$
	竖向压力 P	$Y_P = 0.978P - 2.703\ln(\lg T) + 1.725$
	粘层油用量 A	$Y_A = 1.56A - 0.987A^2 + 0.165$
多因素作用下的层间剪切模型 Y		$Y = 0.801P - 2.214\ln(\lg T) + 4.554(\lg T)^2 - 14.878\lg T$ $- 0.026A^2 + 0.041A + 14.005$ 复相关系数 $R^2 = 0.976$，统计量 $F = 80$

表 3-21　高温状态下的层间剪切模型

温度范围/℃		$35 \leqslant T \leqslant 60$
各因素作用下的层间剪切模型 Y_i	温度 T	$Y_T = 8.212(\lg T)^2 - 29.106\lg T + 23.860$
	竖向压力 P	$Y_P = 0.93P - 2.703\ln(\lg T) + 1.725$
	粘层油用量 A	$Y_A = 0.616A - 0.726A^2 + 0.213A^3 + 0.172$
多因素作用下的层间剪切模型 Y		$Y = 0.776P - 2.254\ln(\lg T) + 1.749(\lg T)^2 - 6.2\lg T$ $- 0.005A^3 + 0.016A^2 - 0.014A + 6.931$ 复相关系数 $R^2 = 0.972$，统计量 $F = 69$

应用表 3-19～表 3-21 所建立的多因素作用下的模型进行层间剪切强度预测，并与实测值进行比较，结果如表 3-22 所示。实测值与预测值的误差均在 7%以内，表明所构建的层间剪切模型精度高，可用于层间剪切强度的预测。

表 3-22　层间剪切强度实测值与预测值比较

工况	竖向压力 P/MPa	温度 T/℃	粘层油用量 A/（kg/m²）	剪切强度 Y/MPa 实测值	剪切强度 Y/MPa 预测值	实测值与预测值误差 /%
1	0.25	5	0.8	2.800	2.819	−0.68
2	0.5	15	0.4	1.793	1.816	−1.28
3	0.5	20	0.8	1.500	1.567	−4.47
4	0.7	15	0.8	1.995	2.000	−0.25
5	0.1	25	0.8	1.030	0.962	6.60
6	0.1	30	1.2	0.764	0.804	−5.24
7	0.25	25	0.4	1.030	1.078	−4.66
8	0.5	25	1.6	1.286	1.265	1.63
9	0.7	30	0.8	1.328	1.285	3.24
10	0.1	35	0.4	0.632	0.623	1.42
11	0.25	35	0.8	0.760	0.737	3.03
12	0.5	35	1.2	0.980	0.934	4.69
13	0.5	50	0.4	0.660	0.634	3.94
14	0.7	50	0.8	0.770	0.789	−2.47
15	0.7	60	0.4	0.690	0.677	1.88

3.6.2　层间切-拉拔黏结模型

同理，为提高模型的计算精度，在构建层间黏结模型时，也分低温、常温、高温三种状态范围。对于每种温度状态范围，选用四种温度条件、四种粘层油用量、四种水平推力大小等试验条件下的正交试验结果，分别构建相应温度区域条件下的层间黏结模型，如表 3-23～表 3-25 所示。

表 3-23　低温状态下的层间黏结模型

温度范围/℃		$T<20$
各因素作用下的层间黏结模型 Y_i	温度 T	$Y_T = 1.251 - 0.314\lg T$
	水平推力 F	$Y_F = 1.348 - 0.822\lg T - 0.738F$
	粘层油用量 A	$Y_A = 0.329A - 0.206A^2 + 0.497$
多因素作用下的层间黏结模型 Y		$Y = 1.32 - 0.878\lg T - 0.540F + 0.137A - 0.086A^2$ 复相关系数 $R^2 = 0.977$，统计量 $F = 167$

表 3-24　常温状态下的层间黏结模型

温度范围/℃		$20 \leqslant T < 35$
各因素作用下的层间黏结模型 Y_i	温度 T	$Y_T = 1.212 - 0.732 \lg T$
	水平推力 F	$Y_F = 1.094 - 0.614 \lg T - 0.723F$
	粘层油用量 A	$Y_A = 0.866A - 0.784A^2 + 0.197A^3 - 0.083$
多因素作用下的层间黏结模型 Y		$Y = 0.689 - 0.502 \lg T - 0.604F + 0.658A - 0.596A^2 + 0.150A^3$ 复相关系数 $R^2 = 0.958$，统计量 $F = 83.1$

表 3-25　高温状态下的层间黏结模型

温度范围/℃		$35 \leqslant T \leqslant 50$
各因素作用下的层间黏结模型 Y_i	温度 T	$Y_T = 0.766 - 0.444 \lg T$
	水平推力 F	$Y_F = 0.786 - 0.362F - 0.439 \lg T$
	粘层油用量 A	$Y_A = e^{3.916A - 2.366A^2 - 4.36}$
多因素作用下的层间黏结模型 Y		$Y = 0.578 - 0.242F - 0.339 \lg T + 0.638 e^{3.916A - 2.366A^2 - 4.36}$ 复相关系数 $R^2 = 0.935$，统计量 $F = 24.1$

应用表 3-23～表 3-25 所建立的多因素作用下的模型进行层间拉拔强度预测，并与实测值进行比较，结果如表 3-26 所示。实测值与预测值误差均在 13%以内，表明所构建的层间黏结模型精度高，可用于层间黏结强度的预测。

表 3-26　层间黏结强度实测值与预测值比较

工况	水平推力 F/MPa	温度 T/℃	粘层油用量 A/(kg/m²)	拉拔强度 Y/MPa		实测值与预测值误差/%
				实测值	预测值	
1	0	10	0.8	0.543	0.497	8.47
2	0.1	10	0.4	0.397	0.429	−8.06
3	0.15	5	1.2	0.700	0.666	4.86
4	0.2	15	0.8	0.223	0.234	−4.93
5	0	20	0.8	0.234	0.218	6.84
6	0.1	20	0.8	0.190	0.202	−6.32
7	0.15	25	1.6	0.039	0.042	−7.69
8	0.2	30	0.8	0.051	0.053	−3.92
9	0	40	0.8	0.083	0.075	9.64
10	0.1	35	0.8	0.075	0.070	6.67
11	0.1	40	0.4	0.036	0.036	0
12	0.15	45	0.4	0.008	0.007	12.50

第4章 含层间界面的沥青层疲劳特性

沥青面层的疲劳开裂本质是结构层在温度与荷载重复变化的应力应变响应下，使开裂逐渐扩展、损伤逐步累加所产生的，而结构层内部应力应变响应与层间状态密切相关，不同层间状态会导致应力应变分布不同，进而影响到路面的疲劳性能。同时，在路面疲劳破损演化进程中，层间状态又会产生变化。目前，路面材料疲劳模型是基于材料试验结果而建立的，能反映材料自身疲劳特征，但尚未考虑结构组合的影响；路面结构疲劳模型是基于连续体系结构分析结果而建立的，能反映结构综合疲劳特征，但尚未考虑层间状态的影响。为分析层状结构特性对结构整体疲劳性能的影响，采取复合小梁的形式模拟实际路面的多层铺装结构。就结构自身属性而言，考虑复合小梁的结构组合和不同粘层油类型及其用量的变化对结构层疲劳寿命的影响；就外因素而言，考虑环境温度、加载频率、应变水平和渗入水等因素对结构层整体及其各层自身疲劳性能的影响。通过上述分析，以综合揭示含层间界面的沥青层疲劳特性。

4.1 沥青层复合小梁疲劳试验方案

4.1.1 试验条件

采用常应变四点弯曲疲劳试验，试验结束条件依然以劲度模量下降到初始劲度模量的50%为准。粘层油用量分别取 $0kg/m^2$、$0.3kg/m^2$、$0.6kg/m^2$、$0.9kg/m^2$。根据试验因素和水平，进行正交试验方案优化设计，每种试验条件下，平行试验试件根数为 6 根。对试验结果进行弃差处理，且保证有效试验试件根数不少于 3 根。试验加载如图 4-1 所示。

4.1.2 复合小梁成型及结构组合

复合小梁试件的成型，先用 400mm×300mm×50mm 的车辙模具制作下层厚度为 50mm 的车辙板，待冷却之后，均匀涂抹不同类型的粘层油，再将下层车辙板放入 400mm×300mm×100mm 的车辙模具之中，制作上层厚度为

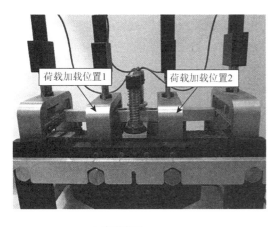

荷载加载位置1　　　荷载加载位置2

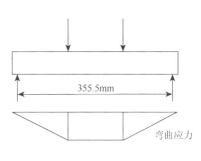

355.5mm

弯曲应力

(a)加载装置　　　　　　　　　　　　　　(b)所产生的弯曲应力示意图

图 4-1　试验加载

50mm 的车辙板以成型厚度为 100mm 的复合车辙板。待成型的复合车辙板完
全冷却之后进行切割,切割的小梁试件尺寸为 380mm×50mm×50mm。切割成
型的小梁试件养护方法与单一小梁试件养护方法一致。复合车辙板成型如图 4-2
所示。

图 4-2　复合车辙板成型

制作复合车辙板采用的粘层油分别为普通乳化沥青、SBS 改性沥青和树脂乳化沥青。复合板下层统一采用一种骨架密实型砂粒式沥青混合料 SMAP-5，上层则采用级配分别为 AC-13、SMA-13 和 OGFC（排水式）的沥青混合料。级配集料统一采用玄武岩碎石，矿粉选用石灰石矿粉，纤维采用木质素纤维，沥青采用高黏弹改性沥青。结构组合 1 为级配 AC-13、SMAP-5 组合，结构组合 2 为级配 SMA-13、SMAP-5 组合，结构组合 3 为级配 OGFC（排水式）、SMAP-5 组合。各级配结构组合的沥青混合料小梁试件如图 4-3 所示。

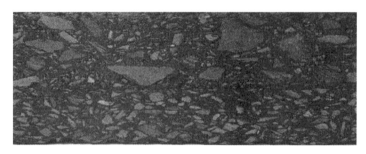

(a)结构组合1

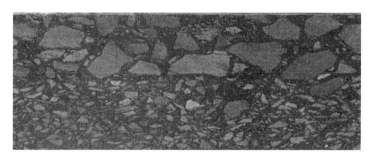

(b)结构组合2

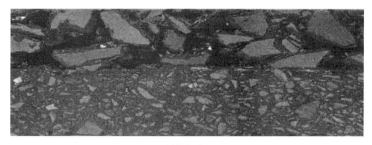

(c)结构组合3

图 4-3　各级配结构组合的沥青混合料小梁试件

4.1.3　正交试验设计

将试验试件的疲劳寿命控制在几万次到几百万次,对试验结果进行弃差处理,保证每组试验小梁试件的有效根数不少于 3 根。复合小梁四点弯曲疲劳试验的正交试验因素水平如表 4-1 所示。

表 4-1　复合小梁四点弯曲疲劳试验的正交试验因素水平

试验因素	试验水平			
	1	2	3	4
粘层油类型	SBS 改性乳化沥青	树脂乳化沥青	普通乳化沥青	—
粘层油用量/(kg/m^2)	0	0.3	0.6	0.9
应变水平/με	750	1000	1250	1500

按照正交试验方案优化设计对该试验进行方案设计,并进行相应试验。对试验结果进行处理分析,选取最优的一组进行温度、荷载频率和渗入水等因素对结构疲劳寿命影响规律的试验。正交试验方案如表 4-2 所示。

表 4-2　正交试验方案

试验序号	试验因素		
	粘层油类型	粘层油用量/(kg/m^2)	应变水平/με
1	SBS 改性乳化沥青	0	750
2		0.3	1000
3		0.6	1250
4		0.9	1500
5	普通乳化沥青	0	1000
6		0.3	750
7		0.6	1500
8		0.9	1250
9	树脂乳化沥青	0	1250
10		0.3	1500
11		0.6	750
12		0.9	1000

4.2　界面性质对沥青层复合小梁疲劳性能的影响

4.2.1　疲劳因素的交互作用

因素 A 表示粘层油类型，包括 A_1、A_2、A_3 三个水平，分别表示 SBS 改性乳化沥青、普通乳化沥青、树脂乳化沥青；因素 B 表示粘层油用量，包括 B_1、B_2、B_3、B_4 四个水平，分别表示 $0kg/m^2$、$0.3kg/m^2$、$0.6kg/m^2$、$0.9kg/m^2$；因素 C 表示应变水平，包括 C_1、C_2、C_3、C_4 四个水平，分别表示 $750\mu\varepsilon$、$1000\mu\varepsilon$、$1250\mu\varepsilon$、$1500\mu\varepsilon$。

在 15℃温度条件下进行复合小梁四点弯曲疲劳试验，其试验结果影响因素交互作用极差 R 分析如图 4-4 所示。从图中可以看出，对于结构组合 1 和结构组合 2，其影响因素 B 对复合小梁疲劳寿命的影响较大，其次是因素 C，而因素 A 对复合小梁疲劳寿命的影响较小，即三个影响因素对疲劳寿命的交互作用大小为：粘层油用量＞应变水平＞粘层油类型。对于结构组合 3，因素 C 对复合小梁疲劳寿命的影响程度超过了因素 B，三个影响因素对疲劳寿命的交互作用大小为：应变水平＞粘层油用量＞粘层油类型。

不同结构组合在各因素下的水平值分析如图 4-5 所示。由图 4-5 可以得出各个结构组合类型所对应的最优结构组合，即结构组合 1 和结构组合 2 的最佳组合是采用 SBS 改性乳化沥青作为粘层油，其用量控制在 $0.3kg/m^2$ 左右时，在低应变水平下其疲劳寿命较长；结构组合 3 的最佳组合是采用树脂乳化沥青作为粘层油，其用量控制在 $0.6kg/m^2$ 左右时，在低应变水平下其疲劳寿命较长。

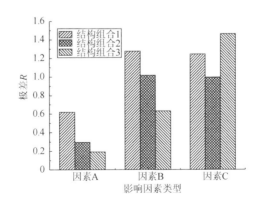

图 4-4　各结构组合影响因素交互作用极差 R 分析

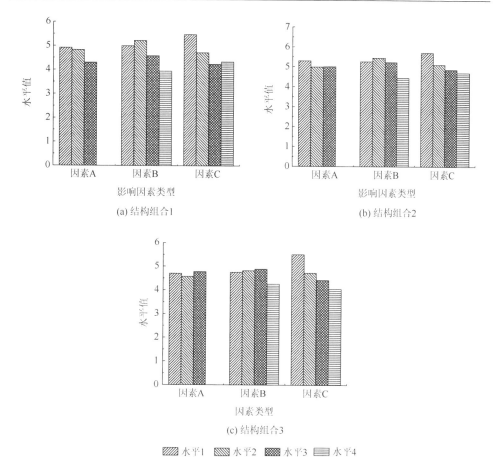

图 4-5　不同结构组合在各因素下的水平值分析

4.2.2　混合料空隙率对复合小梁疲劳性能的影响

根据上述试验结果，可以发现对于不同结构组合类型的沥青混合料，在其最佳粘层油用量的条件下，其疲劳寿命同样也有长短之分。由于下层沥青混合料为同一种类型，而上层沥青混合料类型不同，差别主要在于空隙率的不同。为探讨空隙率对沥青混合料疲劳性能的影响，本节以 OGFC-13 和 SMAP-5 复合小梁（结构组合 3）为试验对象，通过改变上层沥青混合料中粗集料含量，探讨级配变化所导致的空隙率变化对复合小梁疲劳性能的影响规律。不同粗集料含量下的 OGFC 沥青混合料的矿料级配组成如表 4-3 所示，不同空隙率对应的沥青混合料剖面图如图 4-6 所示。

表 4-3　不同粗集料含量下的 OGFC 沥青混合料的矿料级配组成

试验序号	各筛孔直径下的集料含量/%										2.36mm 及以上的粗集料含量/%
	0.075 mm	0.15 mm	0.3 mm	0.6 mm	1.18 mm	2.36 mm	4.75 mm	9.5 mm	13.2 mm	16 mm	
1	3	4	3	4	4	10	46	19	0	0	75
2	3	3	3	2	3	12	43	23	2	0	80
3	1	2	2	3	3	9	45	25	5	0	84
4	1	1	1	1	2	8	47	27	8	0	90

(a) 空隙率为12.32%

(b) 空隙率为24.76%

(c) 空隙率为26.83%

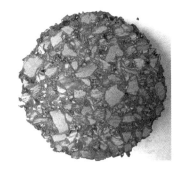
(d) 空隙率为28.46%

图 4-6　不同空隙率对应的沥青混合料剖面图

　　每组试验进行平行试验，且有效试验次数不少于 3 次。在结构组合 3 相关试验结果的基础上，为提高试验效率及缩短试验周期，采用 1250με 应变水平级位，且粘层油采用 0.6kg/m² 的树脂乳化沥青进行复合小梁四点弯曲疲劳试验。试验结果如表 4-4 及图 4-7 所示。

表 4-4　不同空隙率下结构组合 3 疲劳试验结果

试验序号	混合料空隙率/%	稳定度/kN	疲劳寿命/次	lgN_f
1	12.32	10.60	135429	5.13
2	24.76	9.21	30338	4.48
3	26.83	5.14	21756	4.34
4	28.46	2.65	18912	4.28

从图 4-7 可以看出，当沥青混合料的空隙率增加时，其复合小梁疲劳寿命显著降低，但是当空隙率超过一定范围继续增加时，复合小梁的疲劳寿命减小趋势变缓。其主要原因是，随着粗集料用量的增加，沥青混合料的空隙率增大，其级配颗粒表面积增大，使得在同样沥青用量的情况下，其颗粒表面沥青膜厚度减小，致使沥青混合料颗粒间的黏结力减小，结构整体性变差，强度降低，疲劳寿命变小。

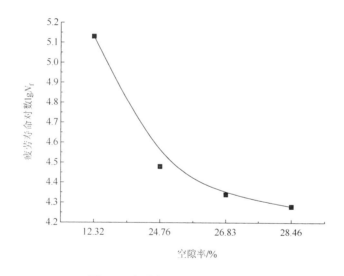

图 4-7　空隙率对疲劳寿命的影响

4.2.3　粘层油用量对复合小梁疲劳性能的影响

为探讨粘层油用量对复合小梁疲劳寿命的影响规律，选择粘层油用量分别为 0kg/m², 0.3kg/m², 0.6kg/m², 0.9kg/m²。为提高试验效率及缩短试验周期，在保证试验结果可靠性的前提下，确定应变水平级位为 1250με，荷载加载频率选用 10Hz 进行疲劳试验。将试验结果进行数值回归分析，结果如图 4-8 所示。

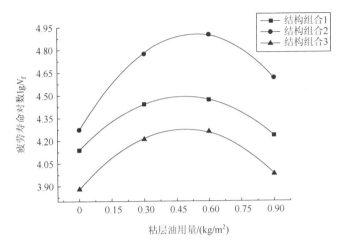

图 4-8　各类结构组合试验结果数值回归分析结果

从图 4-8 可以看出，当层间无粘层油时（即粘层油用量为 0kg/m²），复合小梁的疲劳寿命明显偏低。随着粘层油用量的增加，复合小梁的疲劳寿命增加直至出现峰值；当疲劳寿命达到峰值之后，粘层油用量继续增加，其疲劳寿命有减小趋势。再综合剪切强度试验结果可知，上下层沥青混合料黏结越好，层间剪切强度越大，复合小梁结构整体性越好，其疲劳寿命越大。

从图 4-8 还可以看出，在相同粘层油用量条件下，结构组合 2（即 SMA-13 与 SMAP-5 组合）的复合小梁试件的疲劳寿命明显要高于其他两种。三种结构组合类型的沥青混合料复合小梁试件剖面图如图 4-9 所示。从图中可以看出，结构组合 1 和结构组合 3 的层间分界线要比结构组合 2 明显，说明在结构组合 2 中，上、下层沥青混合料界面相互咬合较好，黏结紧密，结构整体性好，有利于复合小梁疲劳性能的提高。

(a)结构组合1

(b)结构组合2

(c)结构组合3

图 4-9　三种结构组合类型的沥青混合料复合小梁试件剖面图

4.2.4　疲劳模型的建立

现象学法疲劳模型主要是基于沥青混合料在荷载重复作用次数下产生不可恢复的强度衰减而引起疲劳破坏理论上建立的，该疲劳模型考虑到试验初始条件对疲劳性能的影响，如温度、加载频率、加载波形、应力或应变水平等，并能够很好地诠释疲劳寿命与初始试验条件之间的相互作用关系。目前，现象学法疲劳模型是室内疲劳试验方法主要采用的疲劳模型。根据粘层油用量与疲劳寿命之间的数值回归分析可以得出，其疲劳寿命表达式为

$$\lg N_f = A + B_1 X + B_2 X^2 \tag{4-1}$$

式中，$\lg N_f$ 为疲劳寿命对数；X 为粘层油用量；A、B_1、B_2 为试验系数。

根据现象学法建立疲劳模型，研究探讨复合小梁试件的疲劳寿命与粘层油用量之间的关系，将不同粘层油用量下的复合小梁试件疲劳破坏荷载加载的循环次数（即疲劳寿命）N_f 取对数。由图 4-8 可以看出，双层沥青混合料复合小梁的疲劳寿命与粘层油用量之间存在二次函数关系，即 $\lg N_f = A + B_1 X + B_2 X^2$。通过二次多项式数值线性拟合回归分析，结果如表 4-5 所示。

表 4-5　不同粘层油用量下的疲劳寿命方程汇总

结构组合	粘层油类型	线性拟合结果	相关系数 R^2
1	SBS 改性乳化沥青	$\lg N_f = 4.14 + 1.45X - 1.5X^2$	0.98985
2	SBS 改性乳化沥青	$\lg N_f = 4.27 + 2.35X - 2.18X^2$	0.98988
3	树脂乳化沥青	$\lg N_f = 3.88 + 1.64X - 1.69X^2$	0.98622

试验数据回归分析结果表明，复合小梁的疲劳寿命与粘层油用量在对数坐标

上表现出了良好的相关性。从表 4-5 中的拟合结果可以看出，三种级配结构组合的沥青混合料中，级配采取结构组合 2 的复合小梁疲劳寿命最长。

4.3　界面状态对沥青层复合小梁疲劳性能的影响

具有层间界面的复合结构沥青混合料的疲劳性能影响因素并不仅仅局限于粘层油类型和用量及结构组合等，工程实际中其影响因素还包括环境温度、行车速度、施工质量等。根据路面实际使用情况，影响界面状态所考虑的主要因素为层间污染、界面渗入水和界面粗糙度。以下重点分析这三个因素对复合小梁疲劳性能的影响。

4.3.1　层间污染对复合小梁疲劳性能的影响

层间污染直接影响层间粘层油的黏结能力，在实际的道路施工工程中，环境中的风沙和施工时机械的油污都是层间污染源。因此，以风沙和油污两种污染源为考虑对象，探讨其对含层间界面的沥青层疲劳性能的影响。

采用粉末状黄土或者集料灰尘模拟环境风沙，采用机油模拟施工时机械的油污，不同程度的污染分别以 $0kg/m^2$、$0.1kg/m^2$、$0.2kg/m^2$、$0.3kg/m^2$ 的污染量来表示。

试验温度选取 15℃，应变水平选取 1250με，加载频率选取 10Hz。以马歇尔试件为例，其层间污染效果如图 4-10 所示。

(a) 粉末状黄土　　　　　　　　　　　　　　(b) 机油

图 4-10　层间污染效果

根据试验方案，考虑在路面铺装过程中常见的污染，即黄土污染和机油污染。

沥青混合料车辙板层间黏结状态如图 4-11 所示，受层间污染的复合小梁疲劳试验结果如图 4-12 所示。

(a) 黄土污染　　　　　　　　　　　　　　(b) 机油污染

图 4-11　层间黏结状态

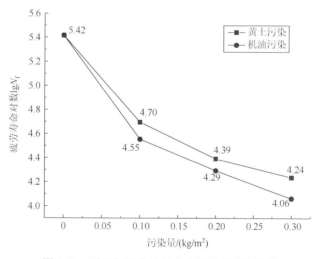

图 4-12　受层间污染的复合小梁疲劳试验结果

由图 4-12 可知，上下层混合料层间接触存在污染时，会导致复合小梁的疲劳寿命下降，相对层间洁净而言，以黄土作为层间污染源时，不同污染量下的疲劳寿命分别下降了 13.28%、19%、21.77%；以机油作为层间污染源时，不同污染量下的疲劳寿命分别下降了 16.05%、20.85%、25.09%。试验结果表明，黄土污染源对复合小梁疲劳寿命的影响要小于机油污染源。其原因可能是，黄土颗粒存于混合料层间黏结界面上，虽然阻碍了上下层混合料的黏结，但是在车辆荷载作用的情况下，使混合料层间摩擦力由静摩擦变成滑动摩擦；机油污染不仅阻碍了上下层混合料的黏结，而且在车辆荷载的作用下，在层间起到了润滑作用。

4.3.2　界面有水渗入对复合小梁疲劳性能的影响

在道路的实际使用过程中，环境降雨会对路面造成一定程度的损害，从而影响疲劳性能。试验中在下层沥青混合料成型待完全冷却之后，均匀涂抹粘层油，在粘层油完全固化之后，喷洒一定量的水，喷洒量分别取 $0kg/m^2$、$0.1kg/m^2$、$0.2kg/m^2$、$0.3kg/m^2$。随后，成型上层车辙板。另外，在不涂抹粘层油的情况下，喷洒 $0.1kg/m^2$ 的水，并成型上层车辙板，用以进行对比。

为了模拟实际情况，将复合小梁试件在15℃水中分别浸水0d、3d、5d、7d，取出后立即在 15℃条件下进行应变水平为 1250με 的四点弯曲疲劳试验。另外，考虑高寒地区和部分冬季气温较低的地区会出现路面结冰的现象，采取冻融试验来探讨冻融循环对沥青混合料疲劳性能的影响。根据《公路工程沥青及沥青混合料试验规程》（JTG E20—2011）中有关马歇尔冻融劈裂试验的规定，根据实际试验情况，拟定复合小梁冻融疲劳试验方案如下：将复合小梁试件放入15℃水中，保水 1h，待小梁试件充分吸水之后，装入塑料袋并放入−18℃±2℃冷冻箱中冷冻，保持 16h±1h；将试件从冷冻箱中取出，放入 60℃±0.5℃水浴箱中，保持 24h，之后放入 15℃±0.5℃水浴箱中，时间不少于 2h；取出后立即在 15℃条件下进行四点弯曲疲劳试验，如图 4-13 所示。

(a) 施工中(降雨存留于界面)　　　　　　　　(b) 使用中(路面浸泡于水中)

图 4-13　界面渗入水情形

施工中降雨以层间撒水量为指标，使用中降雨以浸水天数为指标，其试验结果如图 4-14 所示。

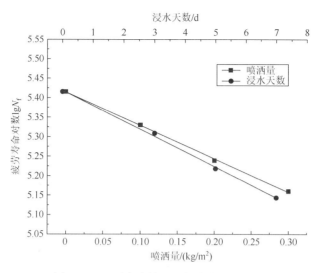

图 4-14　界面有水情况下的疲劳试验结果

根据图 4-14 可以推测，施工中降雨对路面疲劳性能的影响随着降雨量的多少而发生变化，其规律为降雨量增大时，沥青层结构整体疲劳寿命呈现下降的趋势。其主要原因可能是，在上层混合料铺装的过程中，若层间有水，则会降低铺装时的温度，使上层混合料与下层混合料之间的黏结力减弱，同时，层间接触面有水，也会对上下层混合料黏结起到一定的阻碍作用，从而在车辆荷载反复作用的情况下，层间接触变差，其自身也较易发生疲劳损伤破坏，从而使得结构整体疲劳寿命下降。使用中降雨对路面疲劳性能的影响也有同样的规律，但是二者引起的原因不同。使用中降雨导致路面疲劳性能下降的原因可能是，降雨使得水分渗入沥青混合料及其层间界面之中，在车辆荷载的作用下，混合料中存在的水分会具有动水压力，削弱了沥青混合料中集料与沥青的黏结作用，同时水分渗透到层间接触面，使得上下层沥青混合料层间的黏结力减弱，两者共同作用使含层间界面的沥青层整体疲劳寿命下降。

同时，由图 4-14 可知，使用中水的渗入对沥青层疲劳寿命的影响要大于施工中水的渗入，这可能是由于在路面铺装的过程中，高温的沥青混合料会使层间黏结处的水分瞬间蒸发，使得层间水含量减小，减小了对沥青层疲劳寿命衰减的影响；在路面使用过程中，由于水分渗透及车辆荷载的作用，沥青混合料内部的静水压力变为动水压力，加速了沥青与集料间的剥离，同时也会促使上下层沥青混合料的层间接触面出现剥离现象，最终导致沥青层结构整体疲劳寿命大幅度下降。

冻融循环试验条件下复合小梁疲劳寿命试验结果如表 4-6 所示。由表可知，冻融循环试验条件下复合小梁疲劳寿命比未经冻融循坏时下降了 65.4%左右。这是由于存在于沥青混合料内部集料间以及层间接触面上的水分会因温度下降而出现结冰现象。在结冰过程中，水分体积增大，使得集料及层间界面间的间隙增加，当温度升高时，混合料集料间及层间界面的冰融化为水，继续存在于混合料集料及层间界面的间隙中，然而它们的间隙中并不会因此而减小，使得沥青混合料及层间界面的黏结力减弱，致使其疲劳寿命大幅度下降。

表 4-6   冻融循环试验条件下复合小梁疲劳试验结果

循环次数	疲劳寿命/次	试验试件根数
0	260333	3
1	89970	4

将表 4-6 和图 4-14 综合起来分析，冻融循环试验条件下与水渗入试验条件下的沥青层疲劳寿命相比，经过冻融循环的沥青层疲劳寿命要明显偏低。因此，在路面的实际使用过程中，应当注意加强路面排水，尤其在高寒地区及部分冬季气温较低的地区更应注意。

4.3.3   界面粗糙度对复合小梁疲劳性能的影响

界面粗糙度也是影响复合小梁疲劳寿命的一个重要因素。试验中将上下层沥青混合料层间接触面进行抛光与不抛光处理，粘层油采用 SBS 改性乳化沥青。试验温度控制在 15℃左右，加载频率选择 10Hz。从构造深度来看，将下层车辙板本身具有的构造深度和抛光后构造深度为 0mm 的两种情况进行对比，探讨界面粗糙度对沥青混合料疲劳性能的影响。构造深度分别为 0mm 和 0.45mm 的复合小梁层间界面如图 4-15 所示。

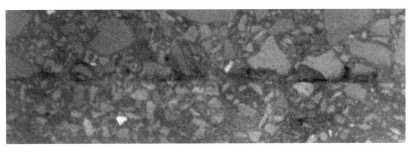

(a) 构造深度为0mm

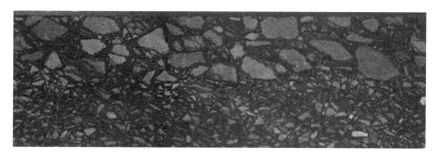

(b) 构造深度为0.45mm

图 4-15　不同构造深度的复合小梁层间界面

将涂抹好粘层油的复合小梁试件用透明胶带密封好，之后放入 120℃烘箱中，保持 3h，其目的是使粘层油达到软化点，从固化状态进入液化状态，使上下两层沥青混合料能够更好地黏结在一起。之后，将试件取出，放入 15℃的冷冻箱中进行保温处理至少 4h。随后，进行四点弯曲疲劳试验，试验结果如表 4-7 所示。

表 4-7　不同构造深度的复合小梁疲劳试验结果

构造深度/mm	应变水平/με	疲劳寿命/次
0（A）	750	388107
	1000	38023
	1250	5328
	1500	1147
0.45（B）	750	681380
	1000	416748
	1250	260333
	1500	187459

由表 4-7 可知，在相同试验条件下，A 情况相对于 B 情况而言，复合小梁的疲劳寿命分别下降了 43.0%、90.9%、98.0%、99.4%。可知，由于在 A 情况下混合料层间黏结力严重不足，上下层混合料并不能很好地咬合，造成了层间黏结性能下降，在荷载作用下，A 情况下的复合小梁上下层沥青混合料更加容易发生错动，影响了复合小梁的整体性，致使其疲劳寿命大幅度下降。

根据试验结果可知，在路面铺装过程中，保证下层混合料具有一定构造深度的同时，在上层混合料铺装过程中应当尽量保持下层混合料的表面粗糙且洁净，以使得上下层混合料层间能有效黏结，从而增强混合料结构的整体性，提高其抗疲劳性能。

4.4　基于四点剪切试验的沥青层层间疲劳特性

层间状态对沥青路面性能具有重要的影响，其层间抵抗外界因素作用的疲劳性能好坏取决于层间初始状态及疲劳作用过程状态，初始状态可用初始模量来度量，过程状态可用疲劳性能衰减趋势来度量。目前评价层间疲劳性能常采用疲劳寿命、层间剪切模量和剪切变形率这三个指标。其中，疲劳寿命应用较多，国内外学者通过四点小梁弯曲疲劳试验、直接剪切疲劳试验、压剪疲劳试验、双面剪切疲劳试验等不同的试验方法获取层间疲劳寿命[15, 24, 73-78]，评估层间性能，但疲劳寿命只能表征客体疲劳破坏所能承受应力或应变的循环次数最终结果，难以描述层间疲劳性能衰减过程状态，无法区分层间疲劳性能的初始状态与性能损失过程，不利于疲劳过程分析与致损机理分析。为此，本节以荷载循环 50 次时的初始模量和疲劳加载过程中的剪切模量衰变速率双指标来分析各因素（剪切应力幅值、温度、加载频率、压应力）条件下层间疲劳性能的演变规律与影响机理。

4.4.1　试验设备与材料

1. 试验设备

为了将垂直于沥青路面层间界面的压应力纳入分析范围，研发了一种压剪耦合层间剪切设备[79]，如图 4-16 所示。该设备基于四点小梁弯曲的受力理论，在此基础上进行改进，改变了四点小梁弯曲中间两点的施力距离与方向，消除两点加载间层间界面的弯矩作用，使得两点加载形成平行于层间界面的纯剪切应力，并增加了复合小梁纵向方向的压力加载设备，实现了对复合小梁层间界面的压剪耦合加载与控制。

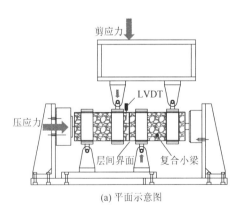

(a) 平面示意图　　　　　　　　　　　　(b) 实物图

图 4-16　四点剪切装置

平行于复合小梁层间界面的剪切力由 UTM-100 动态伺服液压多功能材料试验机提供，以满足不同波形的疲劳剪切力加载，用来模拟行车荷载对沥青路面层间界面的疲劳剪切作用；复合小梁纵向的压力提供设备能够提供可控的稳定压力，用于模拟行车荷载对沥青路面层间界面施加的垂直于层间界面的压应力。

2. 试验材料

采用高黏弹改性沥青混合料 SMA-13 和 AC-20 组成的含有层间界面的复合小梁，如图 4-17 所示。复合小梁的尺寸为 50mm×70mm×280mm，其中层间界面的尺寸为 50mm×70mm，位于复合小梁的中部，层间界面采用 SBS 改性乳化沥青进行黏结，涂抹量为 $0.3L/m^2$。

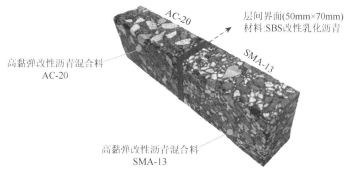

图 4-17　复合小梁构造尺寸图示

复合小梁成型过程中，用分隔板将车辙板模具平均分割为两个部分，先用 AC-20 的混合料成型一半的车辙板，养护完成后拆掉分隔板，涂抹层间界面 SBS 改性乳化沥青粘层油，再使用 SMA-13 的级配成型另一半车辙板混合料，养护完成后即可得到含有层间界面的复合车辙板试样。复合车辙板制作过程如图 4-18 所示。

图 4-18　复合车辙板制作过程

对复合车辙板进行切割处理，即可得到 50mm×70mm×280mm 的含有层间界面的复合小梁试件，如图 4-19 所示。

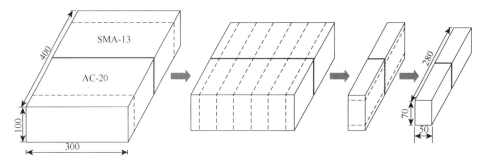

图 4-19 车辙板切割成小梁图示（单位：mm）

4.4.2 试验方案

对含有层间界面的复合小梁进行压剪耦合的疲劳剪切加载，通过 UTM-100 动态伺服液压多功能材料试验机控制疲劳剪切的循环加载曲线，通过复合小梁纵向压力提供设备控制垂直于层间界面的压应力，通过高精度的位移传感器（LVDT）获得加载循环中对应的动态位移。以层间相对位移 8mm 为疲劳加载终止条件[80]，待层间疲劳破坏试验结束后即可获得疲劳加载过程中的剪切力-位移动态曲线。将剪切力-位移曲线计算转换为剪切模量-加载循环曲线，并进行曲线拟合求导，获得剪切模量的衰变速率。试验中，拟定不同温度、加载频率、疲劳剪切应力幅值、压应力组合，模拟不同的加载环境，分析各种因素对层间剪切模量衰变速率的影响。

1）剪切应力幅值与加载频率

为了能更好地模拟路面行车疲劳荷载，试验采用应力控制模式，由 UTM-100 动态伺服液压多功能材料试验机提供正矢波波形（图 4-20）的应力循环来模拟行车疲劳荷载。应力幅值按照强度试验中最大抗剪强度的 30%～50% 进行取值，分别采用 163kPa、180kPa、196kPa、212kPa、294kPa、359kPa 6 个应力值，加载频率采用 1Hz、4Hz、5Hz、8Hz、10Hz 5 个等级。

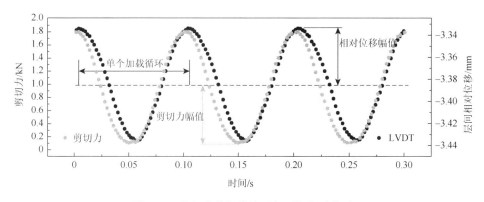

图 4-20 剪切疲劳加载波形与层间相对位移

2）压应力

考虑到复合小梁的尺寸效应与试验设备的具体情况，压应力的取值为 0kPa、28kPa、56kPa、98kPa、126kPa、154kPa 6 个等级。

3）温度

鉴于沥青路面层间破坏主要发生在常温与高温路况，选择 25℃、35℃、45℃作为试验环境温度，分析常温与高温条件下的层间性能演变规律。

4）正交试验设计

为分析各外因素作用下的小梁层间疲劳性能演变规律，设计了四因素多水平下的正交试验方案，如表 4-8 所示。

表 4-8　25℃、35℃、45℃下的正交试验方案

试验编号	压应力/kPa	剪切应力幅值/kPa	加载频率/Hz
1	0	196	10
2	28	196	10
3	56	196	10
4	98	196	10
5	154	196	10
6	126	163	10
7	126	180	10
8	126	212	10
9	126	196	4
10	126	196	5
11	126	196	8
12	126	294	10
13	126	196	10
14	126	359	10
15	126	196	1
16	126	294	1
17	98	196	1

4.4.3　各因素对层间初始剪切模量及其衰变速率的影响

1. 层间剪切模量衰变曲线与衰变速率

按照试验方案完成试验并获得层间剪切力-位移曲线后，以单个疲劳加载循环为基础计算对应循环的层间剪切模量，计算公式为

$$K_n = \frac{F_n}{Su_n} \qquad\qquad (4\text{-}2)$$

式中，K_n 为第 n 次荷载循环对应的层间剪切模量，MPa/mm；F_n 为第 n 次荷载循环的层间相对剪切力幅值，N；S 为试样层间界面面积，mm^2；u_n 为第 n 次荷载循环的层间相对位移幅值，mm。

通过式（4-2）计算出每个加载循环的层间剪切模量，随着加载循环次数的增加，曲线整体呈下降趋势，以获得层间剪切模量衰变曲线（剪切模量-加载循环次数曲线），用以评估层间疲劳性能衰减情况。整理试验数据并绘制层间剪切模量衰变曲线，结果表明，层间剪切模量衰变曲线主要呈现为三种方式，如图 4-21 所示。

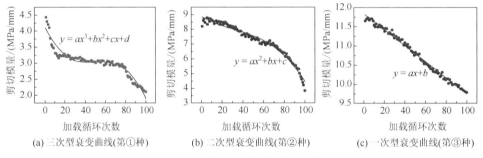

图 4-21　三种层间剪切模量衰变曲线

随着垂直于层间界面的压应力由 0kPa 增加至 154kPa，层间剪切模量衰变曲线逐渐由三次型转变为一次型。当施加垂直于层间界面的压应力为 0kPa、28kPa 时，曲线为三次型，即第①种，该衰变曲线与材料学中疲劳破坏的线形类似，剪切模量经过快速下降、缓慢下降、快速下降三个阶段；当施加垂直于层间界面的压应力为 56kPa、98kPa 时，曲线为二次型，即第②种，该衰变曲线中剪切模量先缓慢下降，随着加载循环次数的增加，疲劳破坏进程逐步加快，剪切模量下降速度明显增加；当施加垂直于层间界面的压应力为 126kPa、154kPa 时，曲线为一次型，即第③种，该衰变曲线中剪切模量稳步下降，下降速度没有明显变化，呈线性下降趋势。

针对三种不同的层间剪切模量衰变曲线，用三种不同的拟合函数进行拟合，如表 4-9 所示，以保证拟合曲线与层间剪切模量衰变曲线的相关系数在 0.95 以上，获得高拟合度的层间剪切模量衰变曲线。

表 4-9　三种曲线的拟合函数

试验工况	线型	拟合函数
第①种	三次型	$y = ax^3 + bx^2 + cx + d$

续表

试验工况	线型	拟合函数
第②种	二次型	$y = ax^2 + bx + c$
第③种	一次型	$y = ax + b$

由于层间剪切模量的整体下降趋势较为稳定，对拟合曲线进行求导并计算疲劳破坏进程中的导函数均值，即可获得层间剪切模量衰变速率，计算公式为

$$V_s = \frac{f(N) - f(50)}{N - 50} \tag{4-3}$$

式中，V_s 为层间剪切模量衰变速率，MPa/(mm·次)；$f(N)$ 为层间剪切模量衰变拟合曲线；N 为加载试验结束时的加载循环次数。

2. 各因素对层间初始剪切模量的影响

根据试验方案，在不同温度下，控制剪切应力幅值、加载频率、压应力三个因素分别进行疲劳剪切试验，并以第 50 次加载循环的层间剪切模量 K_{50} 作为层间初始剪切模量，试验结果如图 4-22 所示。

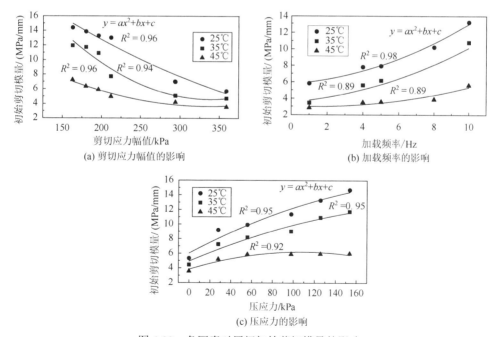

图 4-22 各因素对层间初始剪切模量的影响

结果显示，温度对层间初始模量的影响尤为显著，温度升高会造成层间初始

剪切模量大幅度下降。从图 4-22（a）可以看出，三种温度条件下，层间初始剪切模量与剪切应力幅值均具有负相关性，且剪切应力幅值越高，不同温度条件下的层间初始剪切模量差异越小，剪切应力幅值与温度之间存在交互影响。从图 4-22（b）和（c）可以看出，层间初始剪切模量与加载频率、压应力都体现出正相关性，且加载频率越高、压应力越大，不同温度条件下的层间初始剪切模量差异越大。由图 4-22 可知，采用二次型曲线的拟合程度较高，相关系数 $R^2 \geq 0.89$，且加载频率影响的拟合曲线呈凹形，压应力影响的拟合曲线呈凸形。

3. 各因素对层间剪切模量衰变速率的影响

与各因素对层间初始剪切模量影响的分析类似，在不同温度下，控制剪切应力幅值、加载频率、压应力三个因素分别进行疲劳剪切试验，将剪切力-位移曲线计算转换为剪切模量-加载循环曲线，并进行曲线拟合求导，按式（4-3）获得层间剪切模量的衰变速率，结果如图 4-23 所示。

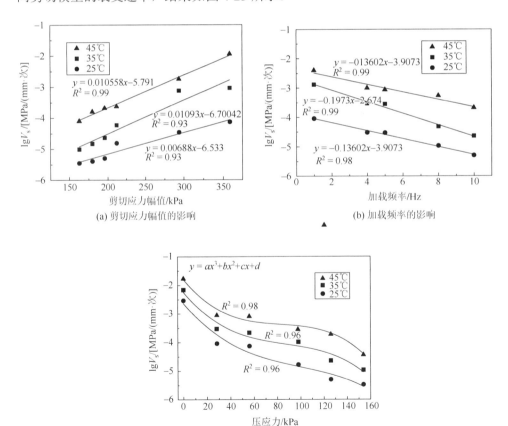

(a) 剪切应力幅值的影响

(b) 加载频率的影响

(c) 压应力的影响

图 4-23　各因素对层间剪切模量衰变速率的影响

　　结果显示，温度对层间剪切模量衰变速率的影响尤为显著，温度升高会造成层间剪切模量衰变速率大幅度增大。图 4-23（a）显示，三个温度条件下，层间剪切模量衰变速率与剪切应力幅值具有正相关性，且不同温度条件下的层间初始模量差异变化较小，说明剪切应力幅值与温度均对层间剪切模量衰变速率的交互影响较小。图 4-23（b）和（c）显示，层间剪切模量衰变速率与加载频率、压应力均具有负相关性，且不同温度条件下的层间剪切模量衰变速率变化差异较小；加载频率与层间剪切模量衰变速率对数值之间存在较强的线性关系，线性拟合相关系数 $R^2 \geqslant 0.98$；压应力与层间剪切模量衰变速率对数值的拟合曲线呈三次型曲线，相关系数 $R^2 \geqslant 0.96$，且拟合曲线呈凸形。

　　4. 各影响因素的显著性分析

　　1）层间初始剪切模量影响因素显著性分析

　　为区别各因素对层间初始剪切模量的影响程度，对实测数据进行方差分析，并计算其显著性水平（P 值），计算结果如表 4-10 所示。

表 4-10　层间初始剪切模量影响因素显著性分析

因素	方和	自由度	均方	F 值	P 值
温度	248.512	2	124.256	92.492	0
压应力	95.359	5	19.072	14.196	0
剪切应力幅值	136.786	5	27.357	20.364	0
加载频率	95.921	4	23.978	17.848	0
误差	45.676	34	1.343	—	—
总计	562.407	50	—	—	—

　　从表 4-10 可以看出，温度、压应力、剪切应力幅值、加载频率的 P 值都远低于 0.05，说明这四个因素对层间初始剪切模量均有显著性的影响。对比这四个因素的 F 值可以看出，四个因素对层间初始剪切模量的影响程度排序为：温度＞剪切应力幅值＞加载频率＞压应力，其中温度的 F 值远大于另外三个因素，说明温度对层间初始剪切模量的影响最为明显。

　　2）层间剪切模量衰变速率影响因素显著性分析

　　为区别各因素对层间剪切模量衰变速率的影响程度，对实测数据进行方差分析，并计算各指标的显著性水平（P 值），计算结果如表 4-11 所示。

表 4-11　层间剪切模量衰变速率影响因素显著性分析

因素	方和	自由度	均方	F 值	P 值
温度	4.075×10^{-5}	2	2.037×10^{-5}	4.388	0.020
压应力	2.322×10^{-4}	5	4.646×10^{-5}	10.008	0

续表

因素	方和	自由度	均方	F 值	P 值
剪切应力幅值	3.785×10^{-5}	5	7.569×10^{-5}	1.630	0.179
加载频率	1.187×10^{-5}	4	2.968×10^{-6}	0.639	0.638
误差	1.578×10^{-4}	34	4.642×10^{-6}	—	—
总计	4.820×10^{-4}	50	—	—	—

从表 4-11 可以看出，温度、压应力的 P 值低于 0.05，剪切应力幅值、加载频率的 P 值分别为 0.179、0.638，远高于 0.05，说明温度、压应力两个因素对层间剪切模量衰变速率有显著性影响；与之相比，剪切应力幅值对层间剪切模量衰变速率的影响次之，该因素仍不可忽略，加载频率对层间剪切模量衰变速率的影响较小。四个因素对层间剪切模量衰变速率的影响程度排序为：压应力＞温度＞剪切应力幅值＞加载频率。

5. 影响机理分析

沥青铺面层间性能主要由两部分来提供：一是基于层间黏结材料本身的黏结性能；二是来源于层间界面宏细观构造形成的机械咬合与摩擦作用。针对上述各因素，其对层间疲劳性能的影响机理如下。

1）压应力影响机理

垂直于层间界面的压应力会显著增强层间界面宏细观构造的机械咬合与摩擦作用。层间剪切模量衰变曲线的线型变化说明，在没有垂直于层间界面的压应力作用时，复合小梁的层间性能主要由层间粘层油本身的材料属性决定，使层间剪切模量衰变曲线呈现为典型的三次型曲线；随着垂直于层间界面的压应力从无到有，并逐步增加，层间界面的机械咬合与摩擦作用对层间性能的影响程度增加，即层间性能受层间机械咬合作用更加明显，使层间剪切模量衰变曲线由三次型曲线向二次型曲线过渡，并逐步转变为一次型曲线。

2）温度影响机理

温度对层间性能的影响主要体现在黏结材料的黏结性能上。沥青路面层间黏结材料以各类改性乳化沥青为主，稀释剂挥发后残留的沥青具有明显的温度敏感性，温度较低时具有更好的黏弹性劲度系数，温度较高时其黏弹性能会降低，造成层间黏结性能损失，因此高温地区更容易出现层间剪切病害。

3）剪切应力幅值影响机理

平行于层间界面的剪切应力是造成层间病害的直接原因。层间黏结状态不良时，剪切应力会导致层间滑移、脱开，导致沥青路面层状体系结构的整体性遭到破坏，严重降低路面使用寿命。剪切应力越大，越易引起更大的层间相对位移，层间抗剪切疲劳性能下降，因此重载路段或者大纵坡路段更容易产生层间剪切病害。

4）加载频率影响机理

疲劳试验中加载频率的减小会造成每次加载力循环作用时间变长。沥青路面层间黏结材料在受力后产生的应变具有滞后性，加载力作用时间越长，应变越大，导致层间性能损失越快。因此，疲劳加载频率的减小会导致层间初始模量的降低与层间剪切模量衰变速率的增加，致使层间性能下降。

4.4.4　基于剪切模量的层间疲劳性能评价

1. 层间剪切模量与疲劳寿命之间的关系

在疲劳试验过程中观察所测得的剪切力和相对位移的演变，总共使用 50 个数据点绘制每个荷载/位移周期。在特定的测试条件下，连续五个周期测得的层间剪切力和相对位移如图 4-24 所示。

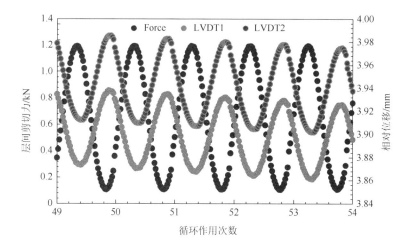

图 4-24　循环荷载作用下层间剪切力与相对位移

（温度 25℃，加载频率 1Hz，剪切应力幅值 196kPa，竖向压力 98kPa）

为了评价层间界面剪切疲劳破坏行为，必须建立界面层间性能对铺面结构响应影响的破坏准则。荷载循环作用次数（即破坏次数 N）的选择应根据导致两层分离时的位移幅值与荷载循环作用次数间的曲线关系来确定。分析中使用两个 LVDT 测量的位移平均值来表征重复荷载引起的界面响应。相似荷载条件时，三种试验温度下位移幅值随荷载循环作用次数的变化情况如图 4-25 所示。

由图 4-25 可以看出，位移幅值随荷载循环作用次数的变化有三个不同的阶段。在第一阶段，由于混合料中的集料颗粒在界面上的位置重排，剪切位移幅值增大；在第

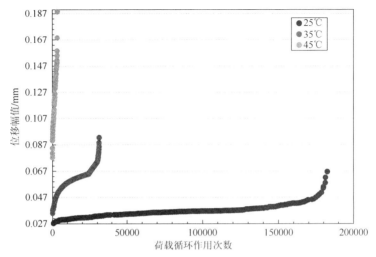

图 4-25　三种温度下位移幅值随荷载循环作用次数的变化情况

二阶段，位移幅值随着荷载循环作用次数的增加而匀速增加，直至曲线出现拐点和界面出现裂缝，然而在界面接触层间的摩擦将继续阻碍该阶段的相对移动；第三阶段是界面破坏迅速扩大，位移幅值迅速增加，最终以试件破坏结束，并得到疲劳荷载循环作用次数。

　　试验结果正如预期那样，较低温度下的层间疲劳寿命高于较高温度下。其主要原因是黏结层是一种与温度有关的材料，在高温下黏性较低，因此它可以很容易在层界面流动。事实上，试验中也观察到随着温度的升高，界面处的位移幅值随之增大。图 4-26 为疲劳试验后试件的层间界面破坏情况。

(a) 试件层间界面破坏

(b) 层间界面破坏情况

图 4-26　疲劳试验后试件层间界面破坏情况

另一个疲劳破坏准则是沥青等黏结材料的常规破坏准则，即层间初始剪切模量下降 50%所经受的荷载循环作用次数（N_{50}），该参数将施加给界面的剪应力与层间产生的剪切滑移（相对切向位移）联系起来。三种试验温度下层间剪切模量随荷载循环作用次数的变化情况如图 4-27 所示。

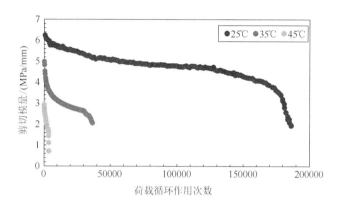

图 4-27　三种温度下层间剪切模量随荷载循环作用次数的变化情况

由图 4-27 可以看出存在三个主要阶段。在第一阶段，层间剪切模量随界面损伤的增大和微裂纹的发生而迅速下降；在第二阶段，层间剪切模量随荷载循环作用次数的增加而缓慢下降，直至曲线出现拐点和界面出现裂缝；在第三阶段，层间剪切模量急剧下降，该阶段意味着界面宏观裂纹的快速扩展。分析中以层间初始剪切模量降低 50%时对应的荷载循环作用次数（N_{50}）作为层间疲劳寿命。另外，层间剪切模量是一个与温度有关的参数，其随着温度的降低而增大，这将导致相邻层间黏结增强，层间抗剪性能提高，最终层间疲劳寿命延长。

根据三个温度水平对应各试验条件下的层间初始位移幅值，绘制相应的疲劳破坏荷载循环作用次数散点图，如图 4-28 所示。在图中，对各温度（25℃、35℃、45℃）下的散点数据采用幂函数进行拟合，拟合相关系数分别高达为 0.974、0.910、0.936。从图 4-28 可以看出，层间初始位移幅值的增加导致各温度下的层间疲劳寿命降低；随着温度的升高，初始位移幅值增大，层间疲劳寿命降低。其主要原因是，黏结材料在高温下的刚度随着温度的升高而降低，层间初始位移幅值随之增大。

进一步调查层间初始剪切模量（K_0）和其下降到 50%对应的疲劳寿命（N_{50}）之间的相关性，其关系符合幂函数表达式，如图 4-29 所示。可以看出，N_{50} 和 K_0 在三个测试温度条件下存在高度的相关性；层间初始剪切模量越高，各温度下的疲劳寿命越长。实际上，较高的初始剪切模量意味着层间界面附着力较强，从而导致层间界面的抗疲劳能力较好。

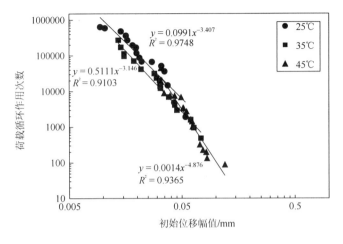

图 4-28 各温度条件下荷载循环作用次数与层间初始位移幅值的关系

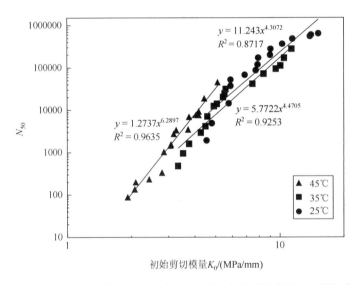

图 4-29 各温度条件下疲劳寿命 N_{50} 与层间初始剪切模量 K_0 的关系

2. 层间剪切应力与疲劳寿命之间的关系

为评估层间剪切应力对界面疲劳行为的影响，将各温度条件下所对应的层间初始剪切模量与剪切应力之间的关系绘成图 4-30。由图可知，随着层间剪切应力的增加，各温度下的剪切模量逐渐减小，其中，45℃时下降趋势缓慢，而 25℃时下降趋势更明显；另外，在低剪切应力水平下，不同温度下的剪切模量差异比在高剪切应力水平下更加明显。

为将层间界面所受到的剪切应力与相应的疲劳破坏荷载循环作用次数（初始

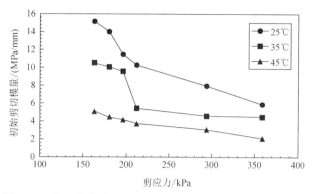

图 4-30　各温度条件下层间剪切应力与初始剪切模量的关系

剪切模量减少 50%）联系起来，根据试验结果，将各温度下 N_{50} 与剪切应力之间的关系绘制成曲线并进行回归分析，结果如图 4-31 所示。

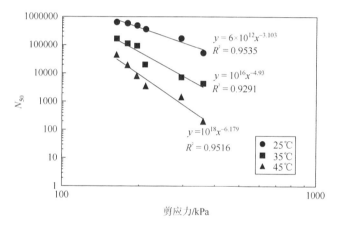

图 4-31　各温度条件下层间界面疲劳寿命 N_{50} 与剪切应力的关系

由图 4-31 可知，各温度下层间界面疲劳寿命 N_{50} 与剪切应力间呈幂函数关系，且具有较高的相关性。正如预期，层间剪切应力越高，各温度下层间界面的疲劳寿命越低；另外，高温（45℃）状态下剪切应力对疲劳寿命的降低作用明显高于低温状态，这一现象可由疲劳模型中的斜率系数清楚反映出。总的来说，较高温度下剪切应力对层间界面疲劳寿命的影响比低温度下更加显著。

4.4.5　层间疲劳寿命预估模型构建

1. 层间初始剪切模量多元回归模型构建

为表征层间初始剪切模量与温度、压应力、剪切应力幅值、加载频率的关系以及四个因素之间的交互作用，需建立层间初始剪切模量多元非线性回归模型。参考 4.4.3 节不同温度条件下各因素与层间初始剪切模量 K_{50} 的函数关系，以及相关的显著性分析结果，该多元回归模型需要具有以下特征：①其他因素水平固定时，剪切应力幅值与层间初始剪切模量呈二次多项式关系；②其他因素水平固定时，加载频率与层间初始剪切模量呈二次多项式关系；③其他因素水平固定时，压应力与层间初始剪切模量呈二次多项式关系。根据模型特征建立层间初始剪切模量模型，即

$$K_{50} = a_0 X_1 + b_0 X_1^2 + c_0 X_2^2 + d_0 X_3^2 + e_0 X_4^2 + f_0 X_1 X_2 + g_0 X_1 X_3 \\ + h_0 X_1 X_4 + i_0 X_2 X_4 + j_0 X_3 X_4 + m_0 \tag{4-4}$$

式中，K_{50} 为层间初始剪切模量，MPa/mm；X_1 为温度，℃；X_2 为压应力，kPa；X_3 为剪切应力幅值，kPa；X_4 为加载频率，Hz。

采用该模型以及 Levenberg-Marquart 迭代算法，对实测数据进行多元非线性拟合回归，迭代得到的模型参数如表 4-12 所示。可以看出，该模型与试验数据的相关系数 R^2 达到了 0.949，具有较高的相关性，说明该模型在各因素的取值范围内能够较为准确地预测各因素条件下的层间初始剪切模量值。

表 4-12 层间初始剪切模量模型参数

参数	a_0	b_0	c_0	d_0	e_0	f_0
数值	0.117	-3.69×10^{-3}	-1.64×10^{-4}	-2.89×10^{-5}	0.07498	-2.09×10^{-3}
参数	g_0	h_0	i_0	j_0	m_0	R^2
数值	-1.31×10^{-3}	0.01984	0.01348	-0.00658	9.93824	0.949

2. 层间剪切模量衰变速率多元回归模型构建

为了表征层间剪切模量衰变速率与温度、压应力、剪切应力幅值、加载频率的关系以及四个因素之间的交互作用，需建立层间剪切模量衰变速率多元非线性回归模型。参考 4.4.3 节不同温度条件下各因素与层间剪切模量衰变速率对数值（$\lg V_s$）的函数关系，以及相关的显著性分析结果，该多元回归模型需要具有以下特征：①其他因素水平固定时，剪切应力幅值与层间剪切模量衰变速率对数值呈线性关系；②其他因素水平固定时，加载频率与层间剪切模量衰变速率对数值呈线性关系；③其他因素水平固定时，压应力与层间剪切模量衰变速率对数值呈三次多项式关系。根据回归模型特征建立层间剪切模量衰变速率模型，即

$$\lg V_s = a_1 X_1 + b_1 X_3 + c_1 X_2^2 + d_1 X_2^3 + e_1 X_1 X_2 + f_1 X_1 X_3 + g_1 X_2 X_4 + h_1 \tag{4-5}$$

式中，V_s 为层间剪切模量衰变速率，MPa/(mm·次)；X_1 为温度，℃；X_2 为压应力，kPa；X_3 为剪切应力幅值，kPa；X_4 为加载频率，Hz。

采用该模型以及 Levenberg-Marquart 迭代算法，对实测数据进行多元非线性拟合回归，迭代得到模型参数如表 4-13 所示。可以看出，该模型与试验数据的相关系数 R^2 达到了 0.936，具有较高的相关性，说明该模型在各因素的取值范围内能够较为准确地预测各因素条件下的层间剪切模量衰变速率。

表 4-13　层间剪切模量衰变速率模型参数

参数	a_1	b_1	c_1	d_1	e_1	f_1	g_1	h_1	R^2
数值	0.0129	7.476×10^{-4}	-6.770×10^{-5}	3.431×10^{-7}	2.931×10^{-5}	2.702×10^{-4}	-0.00129	-5.1065	0.936

3. 层间疲劳寿命预测模型构建

沥青路面层间疲劳性能由两部分组成：初始状态的层间初始剪切模量 K_{50}，表征初始状态的层间抗疲劳性能；疲劳循环加载过程中层间剪切模量的衰变速率 V_s，表征剪切疲劳加载过程中每单次循环的层间剪切模量下降值，代表加载过程中层间疲劳性能的损失速度。综合 K_{50} 与 V_s，最终以疲劳破坏时层间剪切模量的损失值与衰变速率的比值形成层间疲劳寿命 N_f 的表达方式，即

$$N_f = \frac{PK_{50}}{V_s} \tag{4-6}$$

式中，N_f 为层间界面疲劳寿命（荷载循环作用次数），次；P 为疲劳破坏判定条件（层间初始剪切模量下降百分比）；V_s 为层间剪切模量衰变速率，MPa/(mm·次)；K_{50} 为层间初始剪切模量，MPa/mm。

基于得到的层间初始剪切模量、层间剪切模量衰变速率的多元回归模型（式(4-4)和式(4-5)），根据式(4-6)就可以计算层间界面的疲劳寿命。对式(4-6)两边取对数并将式(4-4)、式(4-5)代入可得到层间疲劳寿命预估模型，即

$$\begin{aligned}
\lg N_f = \lg\{&P(a_0X_1 + b_0X_1^2 + c_0X_2^2 + d_0X_3^2 + e_0X_4^2 + f_0X_1X_2\\
&+ g_0X_1X_3 + h_0X_1X_4 + i_0X_2X_4 + j_0X_3X_4 + m_0)\} - \lg(a_1X_1\\
&+ b_1X_3 + c_1X_2^2 + d_1X_1 + e_1X_1X_3 + f_1X_2X_4 + g_1)
\end{aligned} \tag{4-7}$$

式中，X_1 为温度，℃；X_2 为压应力，kPa；X_3 为剪切应力幅值，kPa；X_4 为加载频率，Hz。

式(4-7)中的参数值见表 4-12 和表 4-13。从式(4-7)可以看出，该模型可以根据层间破坏的判定条件（初始剪切模量下降百分比）、温度、压应力、

剪切应力幅值、加载频率预估层间疲劳寿命。

4. 模型验证及其影响因素显著性分析

为验证该模型的准确性，以初始剪切模量下降 50%（$P=0.5$）作为层间疲劳破坏（N_{50}）的判定条件，随机抽取部分实测数据进行检验，检验结果如表 4-14 所示。从检验结果可以看出，该层间疲劳寿命预估模型较为准确，能够在有关既定条件与取值范围内实现层间疲劳寿命的预估。

表 4-14　层间疲劳寿命模型检验结果

工况 （X_1，X_2，X_3，X_4）	实测疲劳寿命对数值	模型预测寿命对数值	实测值与预测值 误差/%
25℃，56kPa，196kPa，10Hz	4.799	4.832	−0.69
25℃，126kPa，196kPa，10Hz	6.117	5.913	3.33
35℃，98kPa，196kPa，10Hz	4.638	4.657	−0.41
35℃，126kPa，196kPa，10Hz	5.374	5.068	5.69
45℃，126kPa，196kPa，10Hz	4.151	4.139	0.29
25℃，126kPa，212kPa，10Hz	5.621	5.774	−2.72
35℃，126kPa，212kPa，10Hz	4.817	4.881	−1.33
25℃，126kPa，196kPa，8Hz	5.681	5.497	3.24
35℃，126kPa，196kPa，5Hz	4.061	4.022	0.96

利用上述疲劳寿命预估模型计算表 4-14 试验组的层间疲劳寿命，并进行显著性分析，如表 4-15 所示。从表中可以看出，各因素对层间疲劳寿命的影响程度排序为：温度＞压应力＞剪切应力幅值＞加载频率；温度与压应力具有显著性影响（$P<0.05$），剪切应力幅值的影响比温度与压应力低，但仍然不可忽略，加载频率对层间疲劳寿命的影响程度低。

表 4-15　层间疲劳寿命影响因素显著性分析

因素	方和	自由度	均方	F 值	P 值
温度	2.800×10^{12}	2	1.400×10^{12}	13.632	0
压应力	1.601×10^{12}	5	3.203×10^{11}	3.119	0.020
剪切应力幅值	1.176×10^{12}	5	2.352×10^{11}	2.290	0.067
加载频率	4.545×10^{11}	4	1.136×10^{11}	1.107	0.369
误差	3.491×10^{12}	34	1.027×10^{11}	—	—
总计	9.004×10^{12}	50	—	—	—

第5章 基于层间特性的沥青铺装结构优化

5.1 概　述

　　黏结层是设置在铺面层与层间的功能层，可以抵抗车辆荷载产生的水平剪应力，使整个铺面保持良好的整体性，是铺面结构的重要组成部分。铺面工程层间抗剪强度与所使用的黏结层材料本身的性质及上下层材料性质密切相关。黏结层材料性质越好、层间结合越紧密、层间黏结强度越高，层间抵抗剪切变形的能力越强，再加之采用优质铺装层混合料，铺装结构整体性能就越好。因此，选择优质黏结层材料、加强层间界面处理、优化铺装结构具有重要的理论意义与工程价值。

　　沥青混凝土铺装结构因其具有柔性、自重轻、无接缝、表面粗糙、适应变形能力好及维修方便等优点，在路面工程及桥面工程中已被广泛使用，尤其在钢桥面工程中的应用更为广泛。桥面沥青铺装结构中具有两个层间界面，一个是桥面板与铺装底层间的防水黏结层（也称防水黏结体系），另一个是铺装表层与铺装底层间的粘层，它们均是铺装结构中的薄弱层，如图 5-1 所示。在工程实践中也出现了层间接触不良导致的早期损坏问题，特别是在大跨度桥梁的桥面沥青铺装中出现了较为严重的车辙、开裂、黏结层失效或脱层等病害，严重影响了桥梁的服务水平，甚至有些桥面每隔两三年便要大修一次，造成了巨大的经济损失。由于桥面沥青铺装工程中的层间特性对整个桥面系使用性能的影响更为突出，下面以桥面沥青铺装工程为例来阐述基于层间特性的沥青铺装结构优化技术。

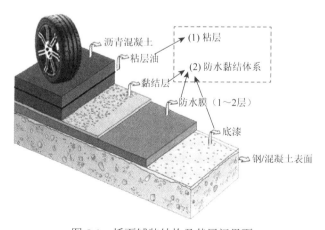

图 5-1　桥面铺装结构及其层间界面

5.2 不同防水黏结体系的黏结性能

铺装层与桥面板之间需设置防水黏结层。一方面是为了保证铺装层与桥面板能组成整体共同受力；另一方面则是铺装层与桥面板之间的黏结作用对保证整个桥面铺装体系的复合作用，以及在交通荷载作用下铺装层与桥面板之间的协同作用至关重要。铺装层与桥面板的复合作用不仅可降低沥青铺装层内部的应力，还可降低桥面板内部的应力及板肋焊接处的应力，因此这种复合作用力对整个铺装体系各部分的受力均有利。有些大跨径钢桥桥面沥青铺装体系为了施工方便而取消防水层，采用黏结性能与防水性能均好的材料作为黏结层，这样黏结层就起到双层作用即黏结和防水。黏结层一旦破坏，不但会增加铺装层内部的应力，加速沥青铺装层的破坏，同时也意味着防水层一并破坏，将导致雨水、湿气直接接触钢板而引起钢板的锈蚀，从而影响整个桥梁结构的强度。防水黏结层的完好对改善钢桥面铺装层的受力条件非常重要，也是确保桥面铺装成功首要解决的问题。

5.2.1 测试方案

为模拟钢桥面铺装结构中的钢板-沥青混凝土铺装结构，设计含防水黏结材料组合体系的圆柱式复合结构体系（图 5-2（a）），其下层结构采用直径 98mm、厚 16mm 的圆形钢板，用以模拟下层钢桥面结构层；上层结构则使用一种新型防水密实型改性沥青混凝土 SMAP-5（也称 S-MAP5）[81]，沥青胶结料使用高黏高弹改性沥青[82]。为消除下层钢板界面差异的影响，试件成型前，先对下层圆形钢板进行打磨抛光并保持洁净，按要求在圆形钢板上涂抹规定用量的防水黏结材料组合体系，并在常温下进行干燥。接着将拌合好的 SMAP-5 沥青混合料按要求填入圆形钢板上方，利用静压法（压力 140kN，稳压时间 3min）将上层沥青混合料压实至成型（图 5-2（b））。

SMAP-5沥青
混合料上层

防水黏结层

钢板下层

(a) 圆柱式复合试件结构体系　　　　　(b) 成型后的圆柱式复合试件

图 5-2　防水黏结体系试验试件

目前，在防水黏结材料黏结性能测试中常采用的试验方法有拉拔试验、直剪试验和斜剪试验。其中拉拔试验具有破坏判断明确、破坏界面清楚及与防水黏结层材料黏结性能直接相关等优点；直剪试验和斜剪试验分别以直剪强度、斜剪强度为指标，可较好地显示黏结层材料的抗剪性能。因此，为分析不同防水黏结材料组合体系在钢板-沥青混凝土铺装结构中的黏结性能，分别进行低温（0℃）、常温（25℃）和高温（70℃）三种典型温度条件下的拉拔试验、直剪试验及 45°斜剪试验（图 5-3），并在短时间（5s）内完成试件加载，获取不同防水黏结材料组合体系复合试件在不同温度下的强度值（拉拔强度、直剪强度、斜剪强度），以评价其黏结性能。

(a) 拉拔试验　　　　　　　(b) 直剪试验　　　　　　　(c) 45°斜剪试验

图 5-3　复合试件加载装置

5.2.2　不同黏结情况下的测试结果分析

1. 层间无黏结剂

对于层间无黏结剂情况下的指标测定，即只对钢板进行打磨、抛光及清洁干燥后就可进行试件成型，而不涂抹任何黏结剂或其他特殊处理，分别按上述试件成型方法与试验方法进行拉拔试验、直剪试验、斜剪试验。试验温度为 25℃，试件在 25℃水中养护半小时以保证试验温度，测试结果如表 5-1 所示。从表中可以看出，钢板与铺装层之间依靠本身的黏附力与摩擦力也能形成一定的黏结强度。

表 5-1　层间无黏结剂时的测试结果

测试指标	拉拔强度/MPa	直剪强度/MPa	斜剪强度/MPa
层间无黏结剂	0.28	0.193	0.324

2. 520/11 组防水黏结层

520（520-P-EF）是一种与 Thixon 底涂一起使用的面涂黏结剂，用于天然橡胶、丁苯橡胶、氯丁橡胶、丁基橡胶和丁腈橡胶与金属之间的粘接。Thixon 520-P-EF 的配方中不含有高于检出限的铅（或其他重金属）、氯化溶剂和破坏臭氧的化学物质；11（Thixon P-11-EF）是一种热硫化型底涂黏结剂，与 Thixon 面涂组成双涂体系用于大部分弹性体与各类基材之间的粘接。Thixon P-11-EF 的配方中不含有高于检出限的铅（或其他重金属）、氯化溶剂和破坏臭氧的化学物质。

根据两者各自使用性能的特点可知，11 型材料应为底涂，宜与面涂 520 配合使用。试验中，首先在打磨抛光后的洁净干燥的钢板上涂抹适量 11 型黏结剂，然后在室温下干燥后，在上面继续涂抹适量 520 黏结剂，在常温下待整个黏结层干燥后进行试件成型。

根据材料说明中提供的黏结材料干燥后的干膜厚度及固含量，计算得出 520 液态洒布量约为 $71.6g/m^2$，11 型材料液态洒布量约为 $62.3g/m^2$，根据试验中的钢板面积计算出需要在钢板上涂抹的液态黏结剂使用量为：520 型材料 0.54g/块，11 型材料 0.47g/块。

根据计算好的使用量及使用方法，按照上面设计好的成型方式成型试件，养护超过 12h 后分别进行 0℃、25℃、70℃水浴半小时以及 25℃下浸水 0h、24h、48h 的拉拔试验、直剪试验、斜剪试验。试验结果如表 5-2 和表 5-3 所示，试件破坏面情况如图 5-4 所示。

表 5-2　不同温度下的试验结果（520/11 组）

加载方式	温度/℃	平均应力/MPa
拉拔	0	0.677
	25	0.329
	70	0.126
直剪	0	0.340
	25	0.297
	70	0.034
斜剪	0	1.003
	25	0.89
	70	0.530

表 5-3　不同浸水时间下的试验结果

加载方式	浸水时间/h	平均应力/MPa
拉拔	0	0.329

续表

加载方式	浸水时间/h	平均应力/MPa
拉拔	24	0.299
	48	0.186
直剪	0	0.297
	24	0.285
	48	0.268
斜剪	0	0.734
	24	0.661
	48	0.648

 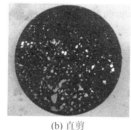 

(a) 拉拔　　　　　　　　(b) 直剪　　　　　　　　(c) 斜剪

图 5-4　520/11 组试件破坏面情况

从图 5-4 可以看出，破坏面均发生在黏结层与混合料之间，且图中显示断面只有少数区域黏结层上黏附少数混合料颗粒，说明面涂 520 与混合料之间形成的黏结性能较差，这一点从试验结果中也能看出。因此，虽然通过与界面无黏结剂情况对比发现黏结性能有所提高，但整体性能仍较差。

不同温度条件下的强度变化曲线如图 5-5 所示。可以看出，520/11 组成的防水黏结体系对温度变化十分敏感，随着温度的升高，强度均剧烈下降，其中拉拔强度接近呈线性下降，直剪强度与斜剪强度随着温度升高的下降剧烈程度也增加。

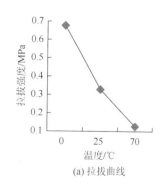 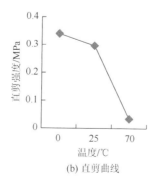 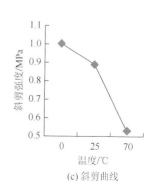

(a) 拉拔曲线　　　　　　　(b) 直剪曲线　　　　　　　(c) 斜剪曲线

图 5-5　不同温度条件下的强度变化曲线

不同浸水时间条件下的强度变化曲线如图 5-6 所示。可以看出，随着浸水时间的增长，黏结性能出现不同幅度的下降，反映出这种黏结材料对水具有一定的敏感性。

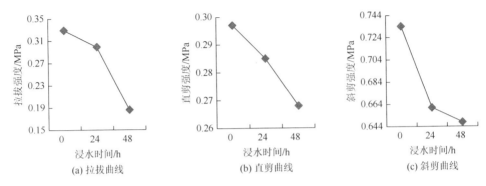

(a) 拉拔曲线   (b) 直剪曲线   (c) 斜剪曲线

图 5-6　不同浸水时间条件下的强度变化曲线

综合以上测试结果可以发现，以 520 为面涂、11 为底涂组成的防水黏结体系用来黏结钢板与 SMAP-5 这种混合料的性能比较差，主要原因在于面涂与混合料不能形成良好的黏结。因此，考虑将 520 与 11 层位进行交换，即用 520 来黏结钢板、用 11 来黏结混合料，以检验这种方式的黏结效果。试验方法与用量均与上述相同，只改变 520 与 11 层位，即以 11 为面涂、520 为底涂。试验条件为 25℃下水浴 30min。试验结果如表 5-4 所示，试件破坏面情况如图 5-7 所示。

表 5-4　11/520 组试验结果

指标	拉拔强度/MPa	直剪强度/MPa	斜剪强度/MPa
11/520 组	0.405	0.307	0.594

(a) 拉拔   (b) 直剪   (c) 斜剪

图 5-7　11/520 组试件破坏面情况

从图 5-7 可以看出，破坏面主要发生在底涂与钢板之间。从图中可以看到有大片的黏结剂薄膜直接以整块方式从钢板表面剥离，反映出黏结剂无法与钢板形成良好的整体效果，且黏结剂表面黏附的混合料也很少，反映出面涂与混合料的黏结也较差。因此，由这种形式组成的防水黏结层性能较差。

将 520/11、11/520 两种不同防水黏结层组合体系的拉拔强度、直剪强度、斜剪强度进行对比，如图 5-8 所示。可以看出，二者直剪强度接近，11/520 组合结构的拉拔强度比 520/11 组合结构稍好，但斜剪强度却低了许多。因此，相比之下，520/11 组合结构黏结性能更优，更适合与 SMAP-5 这种混合料类型形成铺装层防水黏结体系。

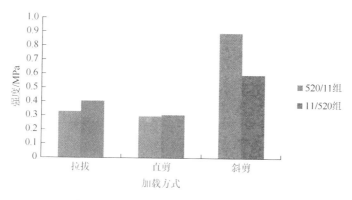

图 5-8　520/11 组与 11/520 组强度对比

3. 55/62 组防水黏结层

CILBOND®55（55）是一种通用型的面涂型黏结剂，用溶剂型 CILBOND®10E 或水剂型 CILBOND®62W（62）作为底涂；如果金属表面处理良好，也可单涂使用。用于各种橡胶与金属及其他硬质基材之间的热硫化黏结，还可用于已硫化的橡胶的黏结。

根据产品特点说明可知，55 与 62 既可单独使用，也可以 55 为面涂、62 为底涂共同使用。因此，为了充分分析该黏结材料的黏结效果，分别对 55、62 单独使用情况以及以 55 为面涂、62 为底涂共同使用情况进行测试。试件成型方法与520/11 组相似，只是改变层间黏结剂材料。同样，根据黏结材料建议干膜厚度及材料固含量，计算出 55 与 62 的液态洒布量均为约 91.5g/m²，每块钢板的液态涂抹量均为 0.69g/块。

根据计算好的使用量及使用方法，按照上述设计好的成型方式成型试件，养护超过 12h 后分别进行 0℃、25℃、70℃下水浴 30min 的拉拔、直剪、斜剪试验。试验结果如表 5-5 及图 5-9 所示，试件破坏面情况如图 5-10～图 5-12 所示。

表 5-5　55/55、62/62、55/62 组试验结果

指标	拉拔强度/MPa	直剪强度/MPa	斜剪强度/MPa
55/55 组	0.314	0.263	0.735
62/62 组	0.422	0.236	0.244
55/62 组	0.244	0.275	0.588

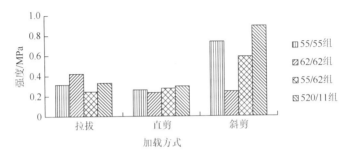

图 5-9　55/55、62/62、55/62、520/11 组强度对比

　　通过图 5-9 可以发现，对于几种不同的黏结组合体系，其拉拔强度与直剪强度比较相近，但是斜剪强度差别比较大，而且斜剪强度更能综合反映黏结剂的使用性能。因此，先由斜剪强度判断发现，55/55 与 520/11 两种黏结结构的斜剪强度明显大于另外两种结构，62/62 与 55/62 两种黏结结构的黏结性能明显较差，其中最差的为 62/62 型黏结剂，其次为 55/62 型黏结结构；通过对比 55/55 与 520/11 两种黏结结构的拉拔强度与直剪强度发现，520/11 结构在这两方面的性能要略优于 55/55 结构，斜剪强度明显优于 55/55 结构。因此，520/11 结构的黏结效果要优于另外三种，而另外三种的黏结性能优劣依次为 55/55、55/62、62/62。

(a) 直剪　　　　　　　　　　　　(b) 斜剪

图 5-10　55 单独使用（55/55 组）破坏面情况

(a) 拉拔　　　　　　　　　　(b) 直剪　　　　　　　　　　(c) 斜剪

图 5-11　62 单独使用（62/62 组）破坏面情况

(a) 拉拔　　　　　　　　　　(b) 直剪　　　　　　　　　　(c) 斜剪

图 5-12　55/62 组合使用破坏面情况

通过观察图 5-10～图 5-12 三种不同结构的断面破坏情况，发现 55 材料与钢板的黏结性能明显要优于 62 材料，因此有可能 55 材料更适合作为底涂。为探究这一问题，在其他条件不变的情况下交换 55 与 62 的层位，即使用 55 作为底涂、62 作为面涂进行试验。试验结果如表 5-6 所示，试件破坏面如图 5-13 所示，62/55、55/55、521/11 组的拉拔、直剪、斜剪强度对比如图 5-14 所示。

表 5-6　62/55 组试验结果

指标	拉拔强度/MPa	直剪强度/MPa	斜剪强度/MPa
62/55 组	0.484	0.328	0.693

(a) 拉拔　　　　　　　　(b) 直剪　　　　　　　　(c) 斜剪

图 5-13　62/55 组试件破坏面情况

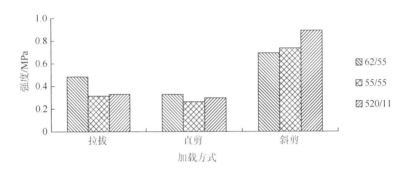

图 5-14　62/55、55/55、520/11 组强度对比

通过观察图 5-13 的破坏面情况，发现使用 55 材料作为底涂确实能比较好地发挥与钢板的黏结作用。通过图 5-14 试验数据对比发现，55/55 组和 62/55 组的斜剪强度接近，但是 62/55 组的拉拔强度与直剪强度均明显优于 55/55 组，因此可以认为 62/55 组结构的黏结性能更优于 55/55 组结构，即 55 材料更适合用作底涂层。进一步对比 62/55 组与 520/11 组，发现二者直剪强度较接近，62/55 组拉拔强度要大于 520/11 组，而 520/11 组斜剪强度要大于 62/55 组，但是 520/11 组斜剪强度大于 62/55 组的幅度要大于 62/55 组大于 520/11 组的幅度，且斜剪强度更能综合反映黏结结构使用性能，因此可以认为 520/11 组的性能优于其他组合类型的防水黏结结构。

4. 多孔特种改性沥青涂膜防水黏结体系

多孔特种改性沥青涂膜防水黏结体系（即 Freshcoat/Caticoat R 组）有防水层 Freshcoat 与黏结层 Caticoat R 两种。黏结层 Caticoat R 的洒布量为 400g/m²，但需要分两次洒布，即 2×200g/m²，待第一次洒布干燥后再涂第二次；防水层 Freshcoat

需等黏结层干燥后再涂抹并立即洒布适量直径约 1.5mm 的石英砂，其中防水层洒布量为 1.2kg/m^2，石英砂洒布量为 0.7kg/m^2。为了充分探明该类防水黏结材料的使用性能，试验中设计了两种黏结结构：一种为不涂防水层、只涂黏结层（无防水层）；另一种是两种材料配合使用，即先涂黏结层，干燥后再涂防水层以及洒布石英砂（有防水层）。其他试验方法均与上述试验一致。试验条件为 25℃、水浴 30min，试验结果如表 5-7 所示，拉拔、直剪、斜剪试验结果对比分别如图 5-15～图 5-17 所示。

表 5-7　不同温度下的试验结果（Freshcoat/Caticoat R 组）

加载方式	温度/℃	平均应力/MPa		
		无防水层	有防水层	520/11 组
拉拔	0	0.83	1.512	0.677
	25	0.544	1.108	0.329
	70	0.236	0.352	0.126
直剪	0	0.512	1.316	0.340
	25	0.37	0.942	0.297
	70	0.036	0.131	0.034
斜剪	0	0.688	2.392	1.003
	25	0.236	1.265	0.89
	70℃	0.076	0.199	0.530

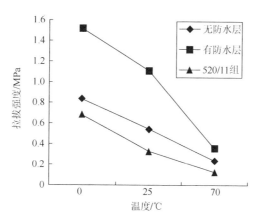

图 5-15　拉拔试验结果对比

由图 5-15～图 5-17 对比发现，多孔特种改性沥青涂膜防水黏结体系具有更优异的拉拔强度和抗剪强度，但也存在对温度敏感性大的问题，即温度升高，黏结性能下降。

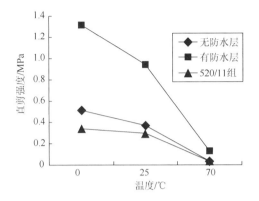

图 5-16 直剪试验结果对比

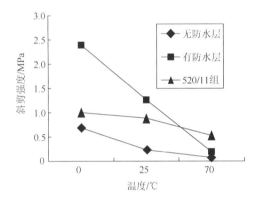

图 5-17 斜剪试验结果对比

高温 70℃下的拉拔、直剪、斜剪试验后的无防水层的黏结界面破坏面情况如图 5-18 所示。从图中破坏面来看，与钢板的黏结材料均出现较为严重的脱落现象，

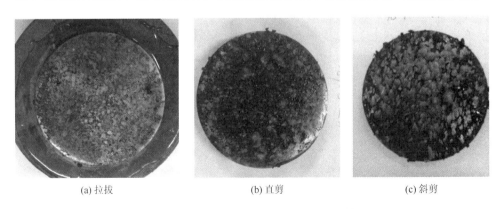

(a) 拉拔 　　　　　(b) 直剪 　　　　　(c) 斜剪

图 5-18 70℃时无防水层黏结界面破坏面情况

原因是随着温度的升高，黏结材料与防水材料均出现软化现象，二者与钢板的黏结作用力减小。因此，多孔特种改性沥青涂膜防水黏结体系应采用防水层 Freshcoat 和黏结层 Caticoat R 两种材料搭配使用，其效果会更好。

5.2.3 各防水黏结体系性能对比

将上述试验温度为 25℃、浸水时间 30min 条件下的各防水黏结体系试验结果汇总于表 5-8，同时参考已有的关于环氧沥青、SBS 改性沥青以及 Eliminator 等防水黏结体系的试验结果。可以看出，在常温下，常规的 62/62 组、55/55 组、55/62 组、62/55 组、520/11 组、11/520 组等黏结体系的黏结性能均不如环氧沥青、SBS 改性沥青和 Eliminator 等防水黏结体系，同时也不如多孔特种改性沥青涂膜防水黏结体系；另外，多孔特种改性沥青涂膜防水黏结体系的性能优于环氧沥青及 SBS 改性沥青，但比 Eliminator 稍差。

将 Eliminator（树脂类）及多孔特种改性沥青涂膜（涂膜类）两种材料进行循环拉拔强度试验，试验结果如图 5-19 所示。由图可知，Eliminator 防水黏结体系属于树脂类材料，虽然其初期强度高，但一旦损坏将永久破坏，不可恢复；而多孔特种改性沥青涂膜防水黏结体系属于沥青类涂膜柔性材料，损坏后具有自愈合功能，具有较强的恢复性能。因此，从防水黏结层的疲劳耐久性角度考虑，采用多孔特种改性沥青涂膜防水黏结体系作为防水黏结层具有明显优势。

表 5-8 各防水黏结体系试验结果

试验方式	拉拔强度/MPa	直剪强度/MPa	斜剪强度/MPa
无黏结剂	0.280	0.193	0.324
62/62 组	0.422	0.236	0.244
55/55 组	0.314	0.263	0.735
55/62 组	0.244	0.275	0.588
62/55 组	0.484	0.328	0.693
520/11 组	0.329	0.297	0.890
11/520 组	0.405	0.307	0.594
环氧沥青	0.90	0.77	—
SBS 改性沥青	0.81	0.75	—
Eliminator	1.78	—	3.16
多孔特效涂膜防水体系	1.108	0.942	1.265

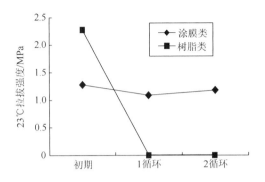

图 5-19 涂膜类与树脂类材料循环拉拔强度试验结果

5.3 沥青与水泥混凝土层的层间黏结性能

5.3.1 黏结体系组成

依托黏结体系由上层为厚 32mm 的 SMAP-5 粗型高黏高弹改性沥青混合料、下层为厚 32mm 的普通混凝土块组成，且混凝土块表面已做喷砂处理。两层之间涂抹适当的粘层材料。试验模型如图 5-20 所示。

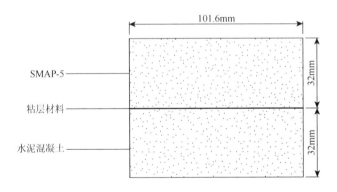

图 5-20 试验模型（沥青与水泥混凝土层）

复合试件的成型步骤如下：

（1）浇筑直径为 101.6mm 的水泥混凝土芯样，在湿润恒温的室内养护 28d，到龄期后切取上部 32mm，在上表面进行喷砂处理。

（2）将试件按照要求涂抹树脂乳化沥青、Freshcoat 等黏结材料，平放于干净、干燥处，待完全冷却或破乳后使用。

（3）将水泥混凝土块垫在马歇尔模具内，涂覆面朝上，将拌合好的 SMAP-5
粗型混合料倒入模具内，采用马歇尔击实仪单面击实 75 次成型上面层。

（4）将成型好的试件养护 12h 后脱模以备使用。

图 5-21 为试件成型情况。

(a) 混凝土试样成型　　　(b) 涂抹粘层材料　　　(c) 粘层材料已涂抹好　　　(d) 成型好的复合试件

图 5-21　试件成型情况（沥青与水泥混凝土层）

5.3.2　黏结性能分析

采用直剪、斜剪、拉拔三种试验方式来共同评价两种不同粘层材料对沥青层
与水泥混凝土板之间的黏结情况，0℃、25℃、70℃三种不同温度下强度测试结果
如表 5-9 所示，不同温度下的强度测试结果对比如图 5-22 所示，两种黏结材料的
黏结面破坏面情况如图 5-23 所示。

表 5-9　三种不同温度下强度测试结果（沥青与水泥混凝土层）（单位：MPa）

加载方式	粘层材料	温度/℃		
		0	25	70
拉拔	树脂乳化沥青	1.74	1.23	0.4
	Freshcoat	1.2	0.48	0.2
直剪	树脂乳化沥青	1.54	0.56	0.03
	Freshcoat	0.8	0.32	0.03
斜剪	树脂乳化沥青	3.8	1.6	0.4
	Freshcoat	4.3	1.5	0.3

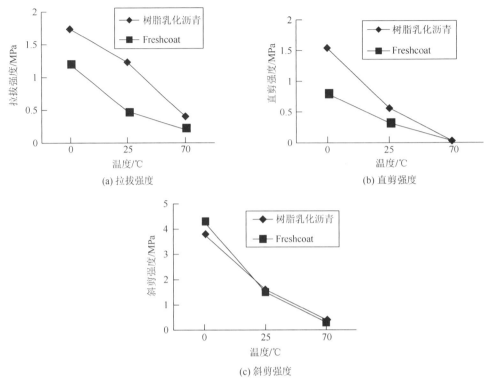

(a) 拉拔强度　　　　　　　　　　　　　　　　　(b) 直剪强度

(c) 斜剪强度

图 5-22　不同温度下的强度测试结果对比（沥青与水泥混凝土层）

(a) Freshcoat　　　　　　　　　　　　　(b) 树脂乳化沥青

图 5-23　两种黏结材料的黏结面破坏面情况

　　从图 5-22 和图 5-23 可以发现，树脂乳化沥青与水泥混凝土的黏结性能比 Freshcoat 好，因此无论拉拔强度还是直斜强度均明显大于 Freshcoat，而两种材料的斜剪强度十分接近，其原因可能是两种材料斜剪时的剪切力主要由上下两层间接触面的物理嵌挤形成，两种材料采用的是相同的试件结构，因此剪切力相近。

综合以上分析结果可得，为提高沥青与水泥混凝土层的层间黏结性能，建议采用树脂乳化沥青作为层间黏结材料。

5.4　沥青与沥青层的层间黏结性能

5.4.1　黏结体系组成

采用由上下两层不同沥青混合料组成的复合式圆柱体试件，上层为厚 32mm 的 SMA-13 沥青混合料，下层为厚 32mm 的 SMAP-5 粗型沥青混合料，中间涂抹适当的粘层材料。试验模型如图 5-24 所示。

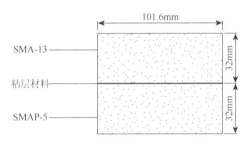

图 5-24　试验模型（沥青与沥青层）

成型中，首先成型复合试件下半部分作为铺装结构下层，下层混合料采用 SMAP-5 粗型高黏高弹改性沥青混合料。试件养护 12h 后将试件下半部分表面清理干净，按照试验要求的粘层材料在表面均匀涂抹 0.5kg/m^2 的树脂乳化沥青或加热到 180℃的液态 Freshcoat，平放于洁净干燥处，待完全冷却或破乳后使用。最后成型复合试件上部分作为铺装结构上层，上层混合料采用 SMA-13 SBS 改性沥青混合料。复合试件成型后在自然环境中养护 12h 后脱模。试件成型情况如图 5-25 所示。

(a) 下层表面涂抹粘层材料　　　(b) 下层表面粘层材料已涂抹好　　　(c) 已成型好的复合试件

图 5-25　试件成型情况（沥青与沥青层）

5.4.2　黏结性能分析

与 5.3.2 节同理,分别进行 0℃、25℃、70℃三种不同温度下的拉拔、直剪、斜剪试验,试验结果如表 5-10 所示。不同温度下的强度测试结果对比如图 5-26 所示。

表 5-10　三种温度下的强度试验结果（沥青与沥青层）　　（单位：MPa）

加载方式	粘层材料	温度/℃		
		0	25	70
拉拔	树脂乳化沥青	0.97	0.4	0.35
	Freshcoat	1.14	0.65	0.51
直剪	树脂乳化沥青	1.5	0.7	0.03
	Freshcoat	1.1	0.9	0.05
斜剪	树脂乳化沥青	3.8	1.5	0.65
	Freshcoat	4.5	1.8	0.54

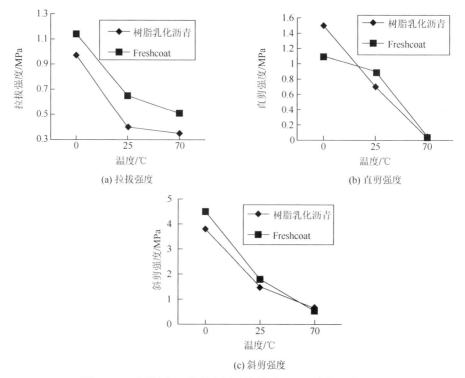

(a) 拉拔强度

(b) 直剪强度

(c) 斜剪强度

图 5-26　不同温度下的强度测试结果对比（沥青与沥青层）

由图 5-26 可以发现，两种黏结材料的黏结强度均随温度的升高而降低，且二者变化趋势相似，即两种材料均对温度具有敏感性；从拉拔强度变化情况可以看出，Freshcoat 具有相对更好的黏结能力；从直剪强度和斜剪强度变化情况来看，二者黏结性能相近。当温度高达 70℃时，树脂乳化沥青与 Freshcoat 的高温抗拉拔强度均达到 0.35MPa 以上，均比常用的 SBS 改性乳化沥青更好，表明两种黏结材料在高温时依然具有较好的黏结性能。

进一步观察发现，温度过高时两种粘层材料软化，二者直剪强度与斜剪强度下降，且数值十分接近；而对于拉拔试验，由于无横向剪切力作用，即使材料软化，也可以保持良好的黏结作用。因此，为保证沥青与沥青层的层间高温黏结性能，建议采用树脂乳化沥青或 Freshcoat 作为层间黏结材料。

5.5　沥青铺装结构性能分析与优化

5.5.1　分析模型

采用 28.5m 宽的小箱梁结构，考虑到桥面实际承受车辆荷载的状况，只选取单向车道的桥面结构进行分析，如图 5-27 所示。

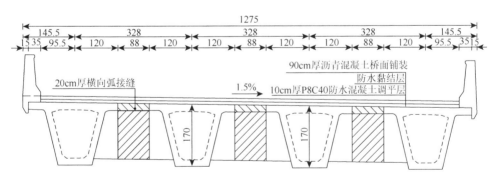

图 5-27　分析结构横断面图（单位：mm）

根据依托工程所设计的桥梁和铺装层结构，对每一结构层均建立实体模型，桥面铺装层有限元模型平面尺寸为 30m（纵向）×12.24m（横向）。计算时假设铺装层为完全连续的各向同性弹性体，铺装上层与铺装下层之间、铺装下层与箱梁之间的层间接触是完全连续的，且计算时不计结构自重的影响。分析模型的约束条件为：箱梁底部支座处无竖向水平位移，横桥向边缘无横向水平位移，纵桥向边缘无纵向水平位移。在轮印处的网格尺寸为 5～10cm，轮载作用其他区域的网格尺寸为 50～60cm，远离轮载的其他区域网格尺寸约为 70cm，选取计算精度较高的二次单元类型即 C3D20R。

在应用动态荷载进行分析时，考虑路面结构阻尼对动力响应的影响，路面结构阻尼采取 Rayleigh 阻尼形式，Rayleigh 阻尼比例系数按式（5-1）[83]计算：

$$\begin{cases} \alpha = \dfrac{2\omega_1\omega_2\xi}{\omega_1+\omega_2} \\[2ex] \beta = \dfrac{2\xi}{\omega_1+\omega_2} \end{cases} \qquad (5\text{-}1)$$

式中，α、β 为 Rayleigh 阻尼比例系数；ω_1、ω_2 为路面结构第 1 阶和第 2 阶自振频率；ξ 为阻尼比。

为获取路面结构的自振频率，首先需要进行模态分析，采用 ABAQUS 进行模态分析，计算得到铺面结构的第 1 阶和第 2 阶自振频率分别为 $\omega_1 = 43.78\text{rad/s}$、$\omega_2 = 131.38\text{rad/s}$，取铺面结构阻尼比 ξ 为 0.05[84]，通过计算得到的 Rayleigh 阻尼比例系数为 $\alpha = 5.192$、$\beta = 3.610 \times 10^{-4}$。

根据已有文献资料[85]和试验数据，桥面铺装结构层和材料参数如表 5-11 所示，有限元模型装配断面图如图 5-28 所示，边界条件与网格划分示意图如图 5-29 和图 5-30 所示。

表 5-11　铺装结构层和材料参数

结构层	名称	厚度/cm	弹性模量/MPa		密度/(g/cm³)	泊松比
			静态	动态		
上面层	细粒式高弹沥青混凝土	4	1400	2000	2.40	0.25
下面层	中粒式 SBS 改性沥青混凝土 AC-16	5	1200	3000	2.40	0.25
铺装下层	P8C40 防水混凝土	10	32500	32500	2.40	0.15
箱梁	C50 混凝土	—	34500	34500	2.40	0.15

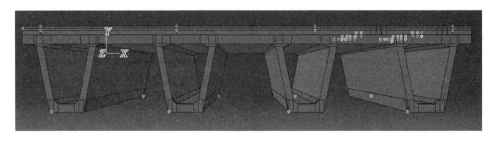

图 5-28　模型装配断面图

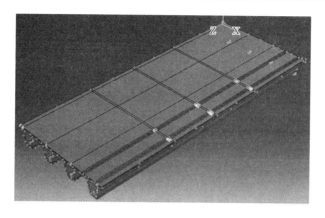

图 5-29　边界条件设置示意图

图 5-30　网格划分示意图

5.5.2　荷载参数

已有资料表明[86]，依托工程上面通行的公交车采用铰接快速公交客车，长 17.99m、宽 2.55m、高 3.40m，轴数为 3，前轴与中轴间距为 6m，中轴与后轴间距为 6.2m；前轴为单轮组，中、后轴为双轮组。该车由成都客车股份有限公司生产，整车质量为 18380kg，可容纳 157～200 人，最大总质量为 28000kg，换算的轴重总和为 274.4kN，分别取前轴轴重 74.4kN，中轴与后轴轴重均为 100kN。考虑到公交车的实际运行路线，轮载作用于外侧车道。

1. 车轮与路面接触轮迹的简化

假定接触压力在轮印面积内均匀分布，其大小等于轮胎的充气压力，相应的数学模型为

$$p(r) = \begin{cases} p, & r < R \\ 0, & r \geq R \end{cases} \qquad (5\text{-}2)$$

式中，p 为轮胎接地压力，kPa；R 为轮胎接地面积当量圆半径，m。

在有限元分析中，为降低网格划分的难度，并提高网格的质量，通常将轮胎与路面的接触面积简化为矩形（图 5-31），矩形长宽比近似取 0.8712/0.6[87]，矩形的平面尺寸由式（5-3）确定。

$$A = \frac{P}{p} = 0.5227L^2, \quad a = 0.8712L, \quad b = 0.6L \qquad (5\text{-}3)$$

式中，A 为轮印面积，m²；P 为车轮所承受的荷载，kN；p 为轮胎接地压力，kPa。

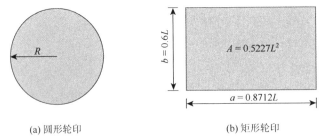

(a) 圆形轮印　　　　　　　　　　　　　　(b) 矩形轮印

图 5-31　轮印面积简化图形

由上述可得到矩形轮印的尺寸，每个单元的水平剖面尺寸近似为 0.16m×0.22m。

2. 动态荷载的模拟

在计算中，采用式（5-4）所示的半波正弦均匀分布荷载来模拟动载。

$$P(t) = P_{\max} \sin\left(\frac{\pi}{T}t\right) \qquad (5\text{-}4)$$

式中，$P_{\max}$ 为荷载作用的峰值，标准轴载取 0.70MPa；T 为荷载作用周期，s，按式（5-5）计算：

$$T = \frac{12R}{v} \qquad (5\text{-}5)$$

式中，v 为车辆行驶速度，m/s；R 为轮胎接地面积当量圆半径，m，标准轴载下取 0.1065m。

假设车辆行驶速度为 80km/h，根据式(5-5)计算得到荷载作用周期 $T = 0.058$s。主要荷载计算参数如表 5-12 所示。

表 5-12　主要荷载计算参数

轴重/kN	接地压力/MPa	单轮宽度/m	单轮长度/m	双轮组两轮中心距/m	双轮组中心距/m
74.4	1.05	0.16	0.22	—	1.8
100	0.7			0.34	

5.5.3 铺装层参数对铺装结构性能的影响

工程实践表明[88]，桥面铺装结构的受力状态及其与桥梁结构主体受力之间的相互关系是桥面铺装损坏的一个重要因素，因而桥面铺装结构由于受力原因而引起的破损主要可分为以下几种情况：

（1）局部应力集中与疲劳。由于桥面板的正交异性特性，在车载作用下，桥面板局部刚度变异部位将产生应力或弯矩奇变，造成局部应力集中，在循环往复的车载作用下形成疲劳裂缝。

（2）剪切破坏。铺装层内部存在的较大剪应力引起剪切变形，当铺装层与桥面板层间结合面的黏结力差、抗水平剪切能力较弱时，在水平方向便产生相对位移。

（3）挠曲破坏。因车载作用或温度变化，桥面铺装层表面出现负弯矩，进而引起铺装层表面的拉应力（拉应变），当拉应力（拉应变）超出材料的抗拉极限时便产生开裂。在车辆轮载和水的渗入等因素的影响下还会使裂缝进一步扩展。

（4）局部冲压破坏。由于重载和特大交通量的作用，车轮对桥面铺装层的局部冲击作用导致在桥面铺装层薄弱区域（如纵缝附近或黏结层薄弱处）出现局部碎裂或网状裂缝。

（5）塑性永久变形。因车载反复作用以及铺装材料在一定环境下，如车辆超载、高温等因素，铺装层在行车道产生永久变形——车辙等形式的破坏。

1. 上、下层铺装厚度对铺装层力学响应的影响

研究表明[89]，当采用上、下层不同材料铺装时，铺装层受力的三大控制指标与荷载，上、下层铺装厚度，上、下层弹性模量有关，即

$$\begin{cases} \sigma_{tmax} = f(P,h_1,h_2,E_1,E_2) \\ \tau_{max} = f(P,h_1,h_2,E_1,E_2) \\ w_{max} = f(P,h_1,h_2,E_1,E_2) \end{cases} \quad (5\text{-}6)$$

式中，σ_{tmax} 为铺装层表面最大拉应力，MPa；τ_{max} 为铺装层与桥面板之间的最大剪应力，MPa；w_{max} 为铺装层表面最大挠度，mm；P 为车轮荷载，kN；h_1、h_2 为上、下层铺装厚度，mm；E_1、E_2 为上、下层弹性模量，MPa。

在 5.5.1 节材料参数中已知，铺装层采用的是上层 4cm 厚细粒式高弹改性沥青混凝土＋5cm 厚中粒式 SBS 改性沥青混凝土 AC-16，为简化计算，本节在分析上、下层不同铺装厚度对铺装层力学控制指标的影响时，假设铺装层总厚度 9cm 不变，荷载和上、下层弹性模量也保持不变，只改变上、下层铺装厚度，如表 5-13 所示。同时考虑水平荷载的作用，取水平力系数 $f_h = 0.5$，车辆荷载为动载，模型其他参数保持不变。计算结果如图 5-32 和图 5-33 所示。

表 5-13　不同铺装厚度工况

工况 1	3cm 细粒式高弹改性沥青混凝土 + 6cm 中粒式 SBS 改性沥青混凝土 AC-16
工况 2	4cm 细粒式高弹改性沥青混凝土 + 5cm 中粒式 SBS 改性沥青混凝土 AC-16
工况 3	6cm 细粒式高弹改性沥青混凝土 + 3cm 中粒式 SBS 改性沥青混凝土 AC-16

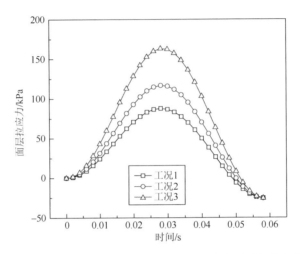

图 5-32　不同上、下层铺装厚度下铺装面层拉应力随时间的变化情况

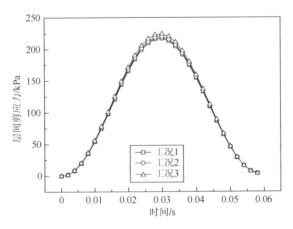

图 5-33　不同上、下层铺装厚度下铺装层间剪应力随时间的变化情况

从图 5-32 可以看出，当铺装总厚度保持不变而改变上、下层铺装厚度时，随着上层铺装厚度的增大，面层拉应力峰值不断增大，当上层铺装厚度由 3cm 增大到 6cm 时，面层拉应力峰值由 87.8kPa 增大到 163.2kPa，增大了 85.9%，增幅很大，这主要是由于上层高弹性沥青混凝土厚度增大时，由于其弹性模量较大，承

担的车辆荷载也就越大，从而使面层拉应力峰值增大。同时可以看出，在车辆荷载作用的整个时程内，上层铺装厚度越大，面层拉应力衰减也越快。

从图 5-33 可以看出，上、下层铺装厚度的改变对层间剪应力的影响很小，可忽略不计。

2. 层间接触状态对铺装层力学响应的影响

在有关桥面铺装的有限元分析中，往往假定沥青铺装层与桥面板之间的接触状态为完全连续，这与桥面铺装层的实际工作状态有较大差异，由于材料差异和施工工艺的限制，其连接状况并不一定是完全连续的。为分析层间接触状态对铺装层力学控制指标的影响，除考虑铺装层与桥面板之间为完全连续（tie 约束）外，同时对比分析铺装层与桥面板之间为不完全连续（即考虑为层间黏结）时的接触模型，考虑层间摩擦系数 μ 为 0.3 和 0.6 两种不完全连续状态，计算结果如图 5-34 和图 5-35 所示。

由图 5-34 和图 5-35 可以看出，当为不完全连续的接触时，摩擦系数对铺装层力学响应的影响很小，可以忽略不计。但与完全连续的层间接触状态相比，不完全连续状态下的铺装层力学控制指标均有不同幅度的增长，与完全连续的层间接触状态相比，$\mu = 0.3$ 时不完全连续状态下的铺装层表面拉应力峰值由 115.8kPa 增大到 234.5kPa，增加了 102.5%，增幅很大；层间剪应力峰值由 219.8kPa 增大到 241.3kPa，增大了 9.8%。可见，铺装层间接触状态对铺装层力学控制指标具有显著影响，在材料选择和施工中，要尽量保证铺装层与桥面板之间具有良好的接触，以提高沥青铺装层的使用性能。

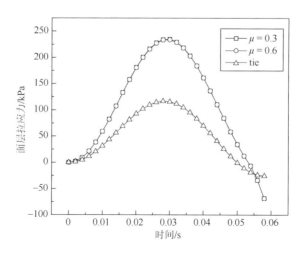

图 5-34　不同层间接触状态下铺装面层拉应力随时间的变化情况

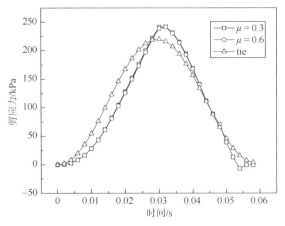

图 5-35 不同层间接触状态下铺装层间剪应力随时间的变化情况

3. 水平力对铺装层力学响应的影响

在公交站台处，公交车频繁制动和启动，水平荷载作用明显，对铺装表面的冲击作用较大。考虑到公交车不同的制动速度和制动时间，需分析在不同水平力作用下的桥面铺装层力学响应量。

根据《城镇道路路面设计规范》(CJJ 169—2012)[90]，水平力大小可用水平力系数 f_h 来表征，规定一般行驶路段取 0.5，公交站、交叉口等缓慢制动路段取 0.2。考虑到 BRT 快速公交行驶速度较大且制动时间往往比较短，因此取水平力系数为 0.3、0.5 和 0.7，以全面分析水平力对铺装层力学控制指标的影响。有限元分析中，在荷载作用位置施加与行车方向相同的水平荷载。计算结果如图 5-36 和图 5-37 所示。

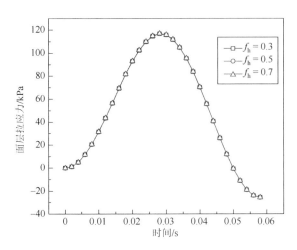

图 5-36 不同水平力作用下铺装面层拉应力随时间的变化情况

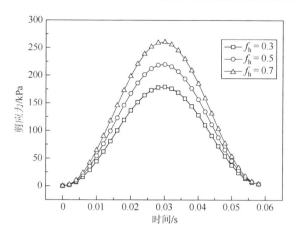

图 5-37　不同水平力作用下铺装层间剪应力随时间的变化情况

从图 5-36 可以看出，水平力的变化对铺装面层拉应力的影响很小，其力学响应量几乎不随水平力的变化而变化，可不予考虑。

从图 5-37 可以看出，层间剪应力随水平力的增大而不断增大，与水平力系数为 0.3 相比，当水平力系数为 0.5 和 0.7 时，层间剪应力峰值分别由 179.3kPa 增大到 219.8kPa 和 260.4kPa，增幅分别为 22.6% 和 45.2%，增长显著。过大的剪应力会造成铺装沥青混凝土的推移，同时会损坏铺装层间的黏结，严重影响铺装层的使用质量。

4. 铺装材料类型对铺装层力学响应的影响

当荷载和铺装厚度不变时，上、下层材料的弹性模量（即不同的桥面铺装材料）将对铺装层力学控制指标起到控制作用。在依托工程设计方案中，桥面铺装层材料为 4cm 细粒式 SBS 改性沥青混凝土 + 5cm 中粒式普通沥青混凝土 AC-16，当在公交站台处使用细粒式高弹改性沥青混凝土和中粒式 SBS 改性沥青混凝土 AC-16 作为铺装材料时，为研究铺装材料对铺装层力学控制指标的影响，应对比分析不同铺装方案下铺装层的力学响应规律。不同铺装材料参数如表 5-14 所示，计算结果如图 5-38 和图 5-39 所示。

表 5-14　不同铺装材料参数

铺装组合		材料名称	弹性模量/MPa	泊松比	密度/(g/cm³)
组合一	上层	4cm 细粒式高弹改性沥青混凝土	2000	0.25	2.4
	下层	5cm 中粒式 SBS 改性沥青混凝土 AC-16	3000	0.25	2.4

续表

铺装组合		材料名称	弹性模量/MPa	泊松比	密度/(g/cm³)
组合二	上层	4cm 细粒式 SBS 改性沥青混凝土 SMA	3000	0.25	2.4
	下层	5cm 中粒式普通沥青混凝土 AC-16	1800	0.25	2.4

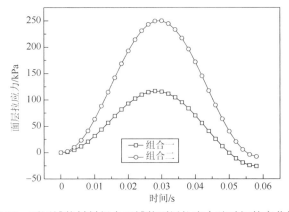

图 5-38　不同铺装材料组合下铺装面层拉应力随时间的变化情况

从图 5-38 和图 5-39 可以看出，不同的铺装材料对铺装层力学控制指标具有较大的影响。相对于强度较高的组合一，组合二的铺装层力学控制指标均有不同程度的提高，铺装表面拉应力峰值由 115.8kPa 增大到 250.0kPa，增幅为 115.9%；层间剪应力峰值由 219.8kPa 增大到 250.3kPa，增幅为 13.9%。可见，提高铺装材料的强度可有效降低铺装层的力学响应量，尤其能显著降低铺装层

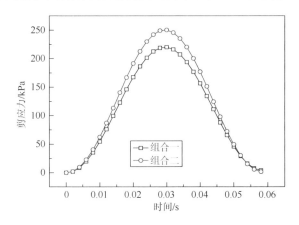

图 5-39　不同铺装材料组合下铺装层间剪应力随时间的变化情况

表面的拉应力，从而可有效防止或延缓铺装表面拉裂缝的出现，提高铺装层的使用寿命和使用性能。

5. 层间接触状态对铺装层受力的影响

与路面类似，桥面的沥青铺装也是一种较为典型的层状体系。很显然，其力学特性由每个结构层的层内特性及相邻两个结构层的层间特性共同决定。从材料学的观点来看，不同材料的接触面是材料性质的跳跃点，连接处往往是整个结构的薄弱环节。而且从施工现场情况来看，两个结构层之间也经常存在施工污染、施工时间间隔等实际的工程问题，因此在对桥面进行动力响应的力学分析时，有必要将不同的层间接触性能纳入研究分析的范围。

分析中，设置两种不同的层间摩擦条件，分别在上下铺装面层之间以及铺装层与混凝土调平层之间设置不同的层间摩擦系数 μ，如图 5-40 所示，$\mu=0$ 表示两个接触面间完全光滑，$\mu=\infty$ 表示两个接触面完全固结，即 tie 接触，进行摩擦分析时 μ 值在 $0\sim1$ 变化。为了便于分析，也考虑到计算量的问题，每次计算有且只有上述两个接触面中的一个面设置摩擦系数，另一个面的接触条件仍设为完全绑定，即 tie 接触。采用初速度为 60km/h、加速度为 -10m/s^2 的移动荷载形式进行建模分析。

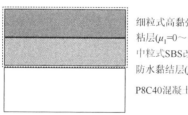

图 5-40　层间接触面示意图

细粒式高黏弹改性沥青混凝土SMA-13
粘层($\mu_1=0\sim1$)
中粒式SBS改性沥青混凝土AC-16C
防水黏结层($\mu_2=0\sim1$)
P8C40混凝土调平层

1）弯拉应力

从计算结果中提取分别在图 5-40 所示两个位置设置层间接触面时铺装层内最大弯拉应力值进行分析，结果如图 5-41 所示。由图可知，随着层间摩擦系数的增大，铺装层的最大弯拉应力有逐渐减小的趋势，但在 $0<\mu<1$ 的范围内，减小幅度有限，分别仅为 0.022% 和 0.0096%。另外，在层间摩擦系数相同时，在铺装层与调平层之间设置摩擦层时的最大弯拉应力比在上下铺装层之间设置摩擦层时更大，且均远大于两个界面都是完全连续的情况。在弯拉应力最大的 $\mu=0$ 的工况下，相对于完全连续的情况，当接触面设置在铺装层与调平层之间时，最大弯拉应力增加了 10.97%，当接触面设置在上下铺装层之间时，最大弯拉应力增加了 8.44%，这说明

铺装层内的最大弯拉应力对铺装层与调平层之间的界面摩擦性能更为敏感。

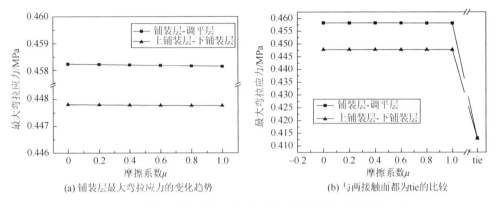

(a) 铺装层最大弯拉应力的变化趋势　　　　(b) 与两接触面都为tie的比较

图 5-41　铺装层最大弯拉应力随不同位置摩擦系数的变化情况

2）剪应力

从计算结果中分别提取在图 5-40 所示的两个位置设置层间接触面时铺装层内最大剪应力值进行分析，结果如图 5-42 所示。由图所知，随着层间摩擦系数的增大，铺装层的最大剪应力有相对较为明显的减小趋势，在 $0 < \mu < 1$ 的范围内，两种情况下的减小幅度均为 0.54% 左右。但是与竖向变形与弯拉应力指标不同的是，在上下铺装层之间设置摩擦层时的最大剪应力要大于在铺装层与调平层之间设置摩擦层时，且同样远大于两个界面都是完全连续的情况。在剪应力最大的 $\mu = 0$ 的工况下，相对于完全连续的情况，当层间摩擦面设置在上下铺装层之间时，最大剪应力增加了 26.69%，而当摩擦面设置在铺装层与调平层之间时，最大剪应力增加了 10.63%，这说明铺装层内的最大剪应力对上下铺装层间界面摩擦性能更为敏感。

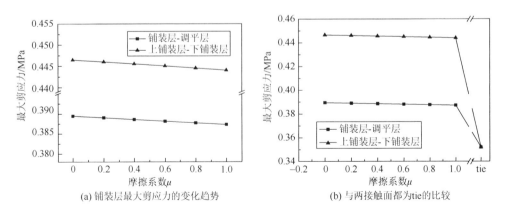

(a) 铺装层最大剪应力的变化趋势　　　　(b) 与两接触面都为tie的比较

图 5-42　铺装层最大剪应力随不同位置摩擦系数的变化情况

综合对比图 5-41 和图 5-42，对于铺装层内最大弯拉应力和最大剪应力，层间设有摩擦系数时的数值均要大于层间完全绑定的情况，这说明层间的接触性能越好，层间摩擦系数越大，对整个铺面的受力情况越有利。因此，在实际工程中，采用改善施工条件或者提高材料性能等方式来提高层与层之间的接触黏结情况对提高铺面的整体性能有十分积极的意义。

5.5.4　桥面沥青铺装结构优化改进

通过分析桥面铺装层参数（如上、下层铺装厚度，铺装层层间接触状态，水平力大小及不同铺装材料等）对铺装结构力学响应的影响得出，面层拉应力随上层铺装厚度的增大而不断增大，而层间剪应力的变化很小；与完全连续的层间接触状态相比，不完全连续状态下的铺装层力学控制指标均有不同幅度的增长，其中铺装面层拉应力增幅最大，高达 102.5%，铺装层间剪应力增大了 9.8%；水平力对铺装表面拉应力影响很小，而层间剪应力随水平力的增大而不断增大，且增幅明显。不同的铺装材料对铺装层力学控制指标具有较大的影响，提高铺装材料的强度可有效降低铺装层的力学响应量，尤其能显著降低铺装层表面的拉应力。同时，通过混凝土桥面沥青铺装推荐方案与已有现行方案的对比得出，相较于已有现行方案，采用推荐方案后铺装面层的拉应力降低了 8.4%，层间剪应力提高了 12%。因此，推荐方案可以较大程度地降低铺装层面层的拉应力，从而有效防止或延缓铺装层表面拉裂缝的产生，提高铺装层的使用寿命和性能。但同时会提高层间剪应力，因此需注意防止推移、拥包等由层间问题引发的病害。另外，通过正交试验及敏感性分析得出，对拉应力和层间剪应力三个力学指标影响的敏感因素分别是上面层模量和铺装层厚度。最后，对于公交车减速进站或加速出站，由于运动加速度及水平力的存在，在进站减速路段或出站加速路段，铺装结构的复杂动力特点更容易导致剪切或疲劳破损的发生，因此在实际工程中，尤其是靠近公交站台等车辆制动或加速相对频繁的路段，应当特别注意提高铺装层的抗剪切及抗疲劳能力，同时还要加强层间黏结。

综合前述对铺装结构受力情况的分析结果，并结合有关高弹改性沥青混合料和铺装结构层间黏结体系的试验结果，为加强桥面铺装结构的整体性，提高桥面铺装结构的使用性能，建议以下三种铺装结构（图 5-43）作为优选结构，以供工程设计参考使用。

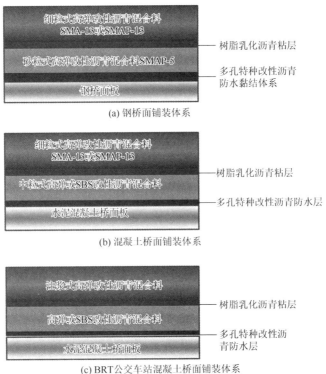

图 5-43　优化改进后的铺装结构

参 考 文 献

[1] 中华人民共和国交通运输部. 公路沥青路面设计规范（JTG D50—2017）[S]. 北京：人民交通出版社，2006.

[2] Khweir K，Fordyce D. Influence of layer bonding on the prediction of pavement life[J]. Proceedings of the Institution of Civil Engineers-Transport，2003，156（2）：73-83.

[3] Mohammad L，Bae A，Elseifi M A，et al. Interface shear strength characteristics of emulsified tackcoats[J]. Journal of Association of Asphalt Paving Technologists，2009，78：249-278.

[4] Vaitkus A，Zilioniene D，Paulauskaite S，et al. Research and assessment of asphalt layers bonding[J]. Baltic Journal of Road and Bridge Engineering，2011，6（3）：210-218.

[5] Zofka A，Maliszewski M，Bernier A，et al. Advanced shear tester for evaluation of asphalt concrete under constant normal stiffness conditions[J]. Road Materials and Pavement Design，2015，16（1）：187-210.

[6] 刘丽. 沥青路面层间处治技术研究[D]. 西安：长安大学，2008.

[7] Whiffin A C，Lister N W. The Application of elastic theory to flexible pavements[C]//Proceedings of the 1th International Conference on the Structural Design of Asphalt Pavements，Ann Arbor，1962：499-520.

[8] Transport Road Research Laboratory（TRRL）.Final report on the working Party on the slippage of rolled asphalt wearing courses[R]. Crowthorne U.K.，1979.

[9] Mariana R K，Andrew C C，Nicholas H T. Effect of bond condition on flexible pavement performance[J]. Journal of Transportation Engineering，2005，131（11）：880-888.

[10] Hu X，Walubita L F. Effects of layer interfacial bonding conditions on the mechanistic responses in asphalt pavements[J]. Journal of Transportation Engineering，2011，137（1）：28-36.

[11] Tschegg E K. New equipments for fracture tests on concrete[J]. Materials Testing，1991，32（11-12）：338-342.

[12] Hassan Z，Mohammad M K. Interface condition influence on prediction of flexible pavement life[J]. Journal of Civil Engineering and Management，2007，13（1）：71-76.

[13] 张起森，郑健龙. 弹性层状体系考虑层间接触非线性的有限单元分析方法[J]. 土木工程学报，1989，22（3）：63-75.

[14] 关昌余，王哲人，郭大智. 路面结构层间结合状态的研究[J].中国公路学报，1989，2（1）：70-80.

[15] 冯德成，宋宇. 沥青路面层间结合状态试验与评价方法研究[J]. 哈尔滨工业大学学报，2007，39（4）：627-631.

[16] 严二虎，沈金安. 半刚性基层与沥青层之间界面条件对结构性能的影响[J]. 公路交通科技，2004，21（1）：38-41.

[17] 郑仲浪. 重载车辆作用下沥青路面层间力学行为研究[D]. 西安：长安大学，2010.

[18] 赵孝辉. 考虑层间接触状态的路面结构有限元分析[D]. 广州：华南理工大学，2011.

[19] 张艳红，王晓帆. 层间接触条件对沥青路面力学响应的影响[J]. 长安大学学报（自然科学版），2012，32（5）：7-11，33.

[20] 陈宝，吴德军，刘嵩. 沥青路面结构的最大剪应力[J]. 长安大学学报（自然科学版），2010，30（6）：20-23.

[21] 王金昌，朱向荣. 面层与基层层间摩擦系数对应力强度因子影响的研究[J]. 岩石力学与工程学报，2005，24（15）：2757-2764.

[22] 倪富健，王艳，马翔. 不同基层状态下的沥青路面荷载应力分析[J]. 公路交通科技，2008，25（12）：65-70.

[23] 艾长发，邱延峻，毛成，等. 考虑层间状态的沥青路面温度与荷载耦合行为分析[J]. 土木工程学报，2007，40（12）：99-104.

[24] 刘丽，郝培文，徐金枝. 粘层状况对沥青路面层间剪切疲劳性能的影响[J]. 公路交通科技，2012，29（10）：11-15.

[25] 纪小平，郑南翔，李欣. 层间接触条件对沥青路面高温性能的影响研究[J]. 郑州大学学报（工学版），2010，31（2）：31-34.

[26] Mrawira D，Damude D J. Revisiting the effectiveness of tack coats in HMA overlays：the shear strength of tack coats in young overlays[C]//Proceedings of the Annual Conference-Canadian Technical Asphalt Association，Quebec，1999：115-130.

[27] Tayebali A A，Rahman M，Kulkarni M，et al. A mechanistic approach to evaluate contribution of prime and tack coat in composite asphalt pavements[R]. North Carolina Department of Transportation，2004.

[28] Chen J S，Huang C C. Effect of surface characteristics on bonding properties of bituminous tack coat[J]. Journal of the Transportation Research Board，2010，2180（1）：142-149.

[29] West R C，Zhang J，Moore J. Evaluation of bond strength between pavement layers[R]. The Alabama Department of Transportation，NCAT Report 05-08，2005.

[30] Tashman L，Nam K，Papagiannakis T，et al. Evaluation of construction practices that influence the bond strength at the interface between pavement layers[J]. Journal of Performance of Constructed Facilities，2008，22（3）：154-161.

[31] Partl M，Canestrari F，Ferrotti G，et al. Influence of contact surface roughness on interlayer shear resistance[C]//The 10th International Conference of Asphalt Pavements，Quebec，2006：358-367.

[32] Leng Z，Ozer H，Al-Qadi I L，et al. Interface bonding between hot-mix asphalt and various Portland cement concrete surfaces: laboratory assessment[J]. Journal of the Transportation Research Board，2008，2057（1）：46-53.

[33] Leng Z，Al-Qadi I L，Carpenter S H，et al. Interface bonding between hot-mix asphalt and various Portland cement concrete surfaces[J]. Journal of the Transportation Research Board，2009，2127（1）：20-28.

[34] Mohammad L N，Bae A，Elseifi M A，et al. Effects of pavement surface type and sample preparation method on tack coat interface shear strength[J]. Journal of the Transportation Research Board，2010，2180（1）：93-101.

[35] Raab C. Development of a framework for standardisation of interlayer bond of asphalt pavements [D]. Ottawa: Carleton University Ottawa，2011.

[36] Raposeiras A C，Vega-Zamanillo Á，Calzada-Pérez M Á，et al. Influence of surface macro-texture and binder dosage on the adhesion between bituminous pavement layers[J]. Construction and Building Materials，2012，28（1）：187-192.

[37] Mohammad L N. Optimization of tack coat for HMA placement[R]. Transportation Research Board，Washington D.C.，2012.

[38] 黄余阳阳. 沥青路面层间粘结性能影响因素研究[D]. 西安：长安大学，2013.

[39] 陈华鑫，黄泽国.沥青混凝土路面层间黏结效果影响研究[J]. 公路，2014，（12）：33-38.

[40] Song W，Shu X，Huang B，et al. Factors affecting shear strength between open-graded friction course and underlying layer[J]. Construction and Building Materials，2015，101（1）：527-535.

[41] 艾长发，宋姣姣，王福成，等. 界面性质对沥青路面层间抗剪强度的影响试验[J]. 公路，2016，（2）：1-5.

[42] Ferrotti G. Experimental characterization of interlayer shear resistance in flexible pavements[D]. Ancona: Università Politecnica delle Marche，2007.

[43] Santagata F, Partl M, Ferrotti G, et al. Layer characteristics affecting interlayer shear resistance in flexible pavements[C]//Technical Session of the Association-of-Asphalt-Paving- Technologists, Philadelphia, 2008: 221-256.

[44] D'Andrea A, Tozzo C, Boschetto A, et al. Interface roughness parameters and shear strength[J]. Modern Applied Science, 2013, 7 (10): 1-10.

[45] 李悦.半刚性基层沥青混凝土路面界面形态研究[D]. 重庆: 重庆交通大学, 2014.

[46] Jaskula P, Rys D. Effect of interlayer bonding quality of asphalt layers on pavement performance[C]//IOP Conference Series: Materials Science and Engineering, 2017.

[47] 黄宝涛, 廖公云, 张静芳. 半刚性基层沥青路面层间接触临界状态值的计算方法[J]. 东南大学学报 (自然科学版), 2007, 37 (4): 666-670.

[48] 伍曾, 魏中臣, 罗曜波, 等. 沥青路面的层间接触模型研究[J].昆明理工大学学报 (自然科学版), 2016, 41 (3): 56-58, 65.

[49] 冯德成, 宋宇. 层间结合状态对沥青路面设计指标的影响分析[J]. 华东公路, 2006, (3): 35-38.

[50] Raab C, Partl M N. Interlayer bonding of binder, base and subbase layers of asphalt pavements: Long-term performance[J]. Construction and Building Materials, 2009, 23 (8): 2926-2931.

[51] Kim H, Arraigada M, Raab C, et al. Numerical and experimental analysis for the interlayer behavior of double-layered asphalt pavement specimens[J]. Journal of Materials in Civil Engineering, 2011, 23 (1): 12-20.

[52] 杨博, 张争奇, 栗培龙, 等. 面层层间接触对沥青路面设计参数的影响[J]. 武汉理工大学学报, 2011, 33 (12): 37-40.

[53] Huang Y H. Pavement Analysis and Design[M]. Englewood Cliffs: Prentice Hall, 1993.

[54] 邓学钧. 路基路面工程[M]. 2 版. 北京: 人民交通出版社, 2006.

[55] 郭乙木, 陶伟明, 庄茁, 等. 线性与非线性有限元及其应用[M]. 北京: 机械工业出版社, 2003.

[56] 庄茁, 张帆, 岑松, 等. ABAQUS 非线性有限元分析与实例[M]. 北京: 科学出版社, 2005.

[57] 费康.ABAQUS 在岩土工程中的应用[M]. 北京: 中国水利水电出版社, 2010.

[58] 封基良. 新疆油田公路层间滑移分析[D]. 西安: 长安大学, 2000.

[59] Park D W, Fernando E, Leidy J. Evaluation of predicted pavement response using measured tire contact stresses[C]//The 84th Transportation Research Board Annual Meeting, Washington D.C., 2005.

[60] 姚祖康. 路面工程[M]. 2 版. 北京: 人民交通出版社, 1999.

[61] Huang Y H. Pavement Analysis and Design [M]. 2nd ed. New Jersey: Prentice Hall, 2004.

[62] Sutanto M. Assessment of bond between asphalt layers[D]. Nottingham: The University of Nottingham, 2009.

[63] Al-Qadi I, Carpenter S, Leng Z, et al. Tack coat optimization for HMA overlay: Accelerated pavement testing report[R]. Federal Highway Administration, University of Illinois, Urbana-Champaign, 2009.

[64] Raab C, Partl M, El-Halim A. Evaluation of interlayer shear bond devices for asphalt pavements[J]. Baltic Journal of Road and Bridge Engineering, 2009, 4 (4): 186-195.

[65] Leutner R. Untersuchung des Schichtenverbundes beim bituminösen Oberbau[J]. Bitumen, 1979, 41: 84-91.

[66] Partl M, Raab C. Shear adhesion between top layers of fresh asphalt pavements in Switzerland[C]//Proceedings of the 7th Conference on Asphalt Pavements for Southern Africa, Victoria Falls, 1999: 130-137.

[67] Sholar G A, Page G C, Musselman J A, et al. Preliminary investigation of a test method to evaluate bond strength of bituminous tack coats (with discussion) [J]. Journal of the Association of Asphalt Paving Technologists, 2004, 73: 771-806.

[68] Recasens R M, Martínez A, Jiménez F P. Assessing heat-adhesive emulsions for tack coats[J]. Proceedings of the

ICE – Transport，2005，158（1）：45-51.

[69]　Collop A，Sutanto M，Airey G，et al. Shear bond strength between asphalt layers for laboratory prepared samples and field cores[J]. Construction and Building Materials，2009，23（6）：2251-2258.

[70]　Agrément B. Interim Guideline Document for the Assessment and Certification of Thin Surfacing Systems for Highways[S]. Watford：British Board of Agrément，2013.

[71]　Tschegg E K，Kroyer G，Tan D M，et al. Investigation of bonding between asphalt layers on road construction[J]. Journal of Transportation Engineering，1995，121：309-316.

[72]　de Bondt A H. Anti-reflective cracking design of（reinforced）asphaltic overlays[D]. Delft：Delft University of Technology，1999.

[73]　杜健欢，黄超，邵珠涛，等. 含层间界面的复合小梁疲劳性能影响因素的交互作用[J]. 公路，2017，62（7）：1-7.

[74]　周志刚，虢柱，罗根传，等. 水和超载对混凝土板沥青层间剪切疲劳寿命的影响[J]. 中国公路学报，2017，30（4）：9-15.

[75]　李盛，刘朝晖，李宇峙，等. 刚柔复合式路面层间界面剪切疲劳试验研究[J]. 土木工程学报，2013，46（7）：151-156.

[76]　Jayakesh K，Suresha S. Experimental investigation of interface treatment technique on interface shear bond fatigue behavior of Ultra-Thin Whitetopping[J]. Construction and Building Materials，2018，161：489-500.

[77]　Xiao Y，Wang Y，Wu S，et al. Assessment of bonding behaviours between ultrathin surface layer and asphalt mixture layer using modified pull test[J]. Journal of Adhesion Science and Technology，2015，29（14）：1508-1521.

[78]　Wang X，Su Z，Xu A，et al. Shear fatigue between asphalt pavement layers and its application in design[J]. Construction and Building Materials，2017，135：297-305.

[79]　任东亚，艾长发，阿里·拉赫曼，等.基于四点弯曲梁法的沥青混合料层间剪切强度测试装置[P]：CN107389475A. 2017-11-24.

[80]　Romanoschi S，Metcalf J. Characterization of asphalt concrete layer interfaces[J]. Transportation Research Record，2001，1778：132-139.

[81]　曾杰，郭玉金，黄超，等. 新型防水密实性改性沥青混凝土 S-MAP5 性能试验研究[J]. 公路，2017，62（12）：107-111.

[82]　Ai C，Rahman A，Wang F，et al. Experimental study of a new modified waterproof asphalt concrete and its performance on bridge deck[J]. Road Materials & Pavement Design. 2017，18（2）：270-280.

[83]　董泽蛟，曹丽萍，谭忆秋，等. 移动荷载作用下沥青路面三向应变动力响应模拟分析[J]. 土木工程学报，2009，42（4）：133-139.

[84]　黄兵，周正峰，贾宏财，等. 半刚性基层沥青路面结构动力响应分析[J]. 重庆交通大学学报（自然科学版），2014，33（1）：47-51，74.

[85]　交通运输部. 公路钢筋混凝土及预应力混凝土桥涵设计规范（JTG 3363—2018）[S]. 北京：人民交通出版社，2004.

[86]　辛春福. 钢桥面铺装浇筑式沥青混凝土高温稳定性优化研究[D]. 成都：西南交通大学，2014.

[87]　黄仰贤. 路面分析与设计[M]. 余定选，齐诚译. 北京：人民交通出版社，1998.

[88]　成峰. 大跨径钢桥面铺装力学分析深入研究——静力结构分析、移动荷载响应及铺装结构优化分析[D]. 南京：东南大学，2004.

[89]　钱振东，罗剑，敬森森. 沥青混凝土钢桥面铺装方案受力分析[J].中国公路学报，2005，18（2）：61-64.

[90]　中华人民共和国住房和城乡建设部. 城镇道路路面设计规范（CJJ 169—2012）[S]. 北京：中国建筑工业出版社，2012.